남성 지배

남성 지배

피에르 부르디외

김용숙 옮김

東文選 文藝新書 405

Pierre Bourdieu

LA DOMINATION MASCULINE

차 례

머리말

    본 연구가 지닌 논리적 흐름에 나를 맡기지 않았다면, 나는 이처럼 어려운 주제를 감히 다루지 못했을 것이다. 나는 이른바 **공론(公論)의 모순**(paradoxe de la doxa)이라 부르는 것에 대해서 놀라움을 금치 못했었다. 공론의 모순이라 함은 존재하는 그대로의 세상의 질서가 고유의 의미에서건 문체적 의미에서건 그 독특한 의미나 금지된 의미를 갖고 있으며, 그 의무나 제재와 함께 **대체적으로** 존중되고 있어서 위반이나 전복, 범죄와 '광기'가 보다 더 팽배하지는 않다는 사실을 가리킨다.

---

* 필자가 일일이 이름을 들어 감사를 표하고 싶은 이들에게 그렇게 하는 것이 그들에게 좋은 것인지 아닌지 알 수 없기에 이 지면을 빌려 증거와 자료들, 과학적 조회들, 사상들을 지원해 준 이들에게 심심한 감사의 뜻을 전하고자 하며, 그들의 신뢰와 기대에 이 책이, 그리고 그 결과가 합당하기를 바란다.

(바스티유 광장이나 콩코르드 광장 위에 자동차들이 5분 동안 달리고 있다고 가정하고, 그 수천의 각기 다른 성향들——혹은 의지들——이 기묘하게 조화를 이루고 있음을 생각해 보는 것으로 충분하지 않은가.) 더욱 놀라운 것은 몇몇 역사적인 불의의 사건들을 제외하고 지배와의 관계들, 권리와 특혜, 그리고 그 특권과 불공평성을 가지고 세워진 질서가 그토록 쉽게 결정적으로 정착하여 존속되고 있으며, 가장 용납할 수 없는 존재 조건들이 마치 허용될 수 있는 것처럼, 당연한 것처럼 흔히 나타날 수 있다는 사실이다. 또한 나는 남성 지배 속에서, 그리고 그것이 강요되고 강요받는 방법 속에서 그러한 모순된 순종의 예를 줄곧 보아 왔다. 상징적인 폭력의 결과, 즉 부드럽고 느낄 수 없는, 희생자들에게조차도 보이지 않는 폭력의 결과가 그 예라 할 수 있으며, 이는 의사 전달과 지식, 정확하게 말해서 무지와 인식, 감정에 이르기까지 그 상징적인 경로에 의해 행해지는 폭력이다. 그리하여 불가사의하게 일상적인 이 사회적 관계는 피지배층에 의해서와 마찬가지로 지배층에 의해 알려지고 파악된 상징적 원칙하에 행해진 지배 논리를 감지하는 특권적 기회를 제공하는데, 상징적 원칙이란 언어(또는 발음)와 생활 양식(또는 사고 방식, 언어 표현 방식, 행동 방식), 좀더 보편적으로 말해 표징이나 낙인 같은 하나의 변별적 특

성이며, 그 중 가장 효율적인 특성은 피부 색깔이라는 순전히 임의적이며 예고되지 않은 신체적 특성이다.

이런 점에서 무엇보다도 먼저 **공론**(doxa)에 그 모순된 성격을 일깨워 주고, 역사를 자연으로 바꾸고 문화적인 임의성을 **자연적인 것**으로 바꾸어 놓은 과정들을 들추어 낼 필요가 있다. 그리고 이를 위해 우리 자신들의 우주와 세계관을 토대로 하여, 우리가 알든 모르든 간에 남성적인 것과 여성적인 것의 차이가 지닌 원칙에 임의적이고 우연적인 성격이나 사회 논리적 필요성을 부과할 수 있는 인류학자의 관점을 취할 필요가 있다. 버지니아 울프가 스스로 '지배의 최면력'이라고 일컬은 것을 잠시 미루어두고 생각하려 했을 때, 여성차별주의를 고대 사회의 제식에 발생학적으로 연관시키면서 민속학적인 유추를 무기로 삼은 것은 결코 우연이 아니다. "어쩔 수 없이 우리는 (우리가 사는 이) 사회를 마치 우리들 중 많은 이들이 사생활에서 존중하고 있는 남자 형제를 집어삼키는 음모의 장소, 그리고 우레 같은 목소리를 내지르고 단단한 주먹을 휘두르며 유치하게 바닥에다 백묵으로 표시를 새겨넣는 괴물스런 수컷을 강요하는 음모의 장소쯤으로 여긴다. 이러한 신비스러운 경계선들 사이에서 인간들은 엄격하게 분리된 채 인위적으로 고정되어 있다. 바로 거기에서 우리들, '그의' 여자들인 우리들은 사회를 구성하고 있는 수많은 사회 집단 중의 그 어떤 곳에도 참여하는 것을 허용받지 못한 채 가족이 있는 집 속에 갇혀 있는 반면, 남성은 금이나 자줏빛 천을 두르고 야만인처럼 깃털로 장식하고서 자신의 신비주의적인 제식들을 치르며 권력과 지배라는 쾌락을 즐긴다."[1] '신비주의적 경계선' '신비주의적 제식': 이러한 언어──제의적인 봉헌, 즉 하나의 새로운 탄생의 원칙이 만들어 내는 마술적 변모와 상징적 전환의 언어──는 남성 지배의 상징적인 영역을 깨닫게 해주는 연구를 부추긴다.

그러므로 상징적 자산의 경제성에 대한 유물론적인 분석에서 '물질적인 것'과 '정신적인 것' 혹은 '관념적인 것' 사이의 위험한 선택을 피할 수 있는 수단을 강구해야 하는데, 이 위험한 선택은 성의 비대칭성을 생산의 조건으로 설명하는 '유물론적' 연구와, 주목할 만은 하지만 부분적인 것에 그치고 마는 '상징적' 연구의 대립을 통하여 오늘날까지도 지속되고 있다. 예전 같으면 민속학의 특별한 용도 한 가지만으로도 버지니아 울프가 시사한 계획을 실현시킬 수 있었다. 즉 우리가 알

---

1) V. 울프, 《3기니 *Trois guinées*》, trad. V. Forrester, Paris, Éditions des Femmes, 1977, p.200.

고 있는 그대로의 성의 구분을 그 산물로 얻는 순수히 신비론적인 작업을 객관화하고 무의식의 객관적 고고학으로서의, 다시 말해 하나의 진정한 사회 분석의 도구로서의 남성 중심적 원칙(카빌의 전통)에 따라 부분부분 조직된 한 사회에 대하여 객관적인 분석을 한다는 계획을 실현시킬 수 있었던 것이다.[2]

이국의 전통을 통한 이러한 우회적 방법은, 우리를 고유한 전통에 묶어 놓는 기만적 친근성이라는 관계성을 깨뜨리는 데에 반드시 필요하다. 생리적인 것의 사회화와 사회적인 것의 생리화라는 오랜 집단적 작업이 신체와 두뇌 안에 만들어 놓은 생리적인 외양과 실제적인 결과들은 원인과 결과의 관계를 뒤엎기 위해서, 그리고 원칙에 속하는 임의적 구분, 실제와 실제의 재현에서 유래하며, 때로는 연구 자체에 강요되기도 하는 임의적 구분의 성격을 지닌 근거인 양 이입(移入)된 사회적 구성체(성차적 아비투스로의 '젠더들')를 드러내기 위하여 서로 짝을 이룬다.[3]

---

2) 필자의 현 작업이 근간의 대화의 산물이 아님을 증명해 보일 수 있을 것인즉, 세계의 성적(性的) 구분에 적용될 때 민속학은 '사회 분석의 각별히 강력한 형태가 될 수 있다'는 사실에 대해 필자가 주장했던 예전 책을 참고하기 바란다. (P. 부르디외, 《실천 감각 Le Sens pratique》, Paris, Éditions de Minuit, 1980, p.246-247.)

3) 심리학자들이 성들의 공통 관점을 근본적으로 분리되고 공통 부분

그런데 사회 질서 속에서 가장 자연스러워 보이는 것, 즉 성의 분리를 역사[사회의 역사는 자연의 역사와는 달리 인간에 의해 만들어지며, 인간 활동의 결과로서 다양성과 통일성을 통해 합법적으로 진행되는 사회 발전의 과정을 말한다] 안에 끌어들여 그것으로 하여금 소속을 상실케 하는 민속학의 이 분석적인 용도야말로 사회적 분석의 효율성이라는 원칙에 따르는 항구성과 불변적인 것을 세상에 드러내는 것은 아닐까? 게다가 그렇게 함으로써――그 용도야말로 성의 관계에 대한 보수적인 재현을 인정함으로써 '영원한 여성성'이라는 신화가 집약

이 없는 총체로 간주하는 것과, 여성과 남성의 성과 분배 사이의 **겹쳐진** 정도와 다른 분야들에서 확인된 차이 사이의 (거대한) 차이를 무시하는 것은 종종 있는 일이다. 좀더 심각한 점은, 그들은 그들의 대상을 **구축**하고 **묘사**하는 데 있어서 그들이 언어 속에 떠오르는 차이들을 가늠하도록 노력하거나, 혹은 이러한 차이들을 묘사하기 위해 가치 판단으로 가득 찬 평상 용어를 사용하거나 간에 평상시의 언어 속에 등재된 관점과 분리의 원칙에 의해 수없이 유도된다는 것이다――남자들은 보다 '공격적인' 여자들은 보다 '사려적인' 것처럼――예를 들어 다른 것들도 많지만 J. A. Sherman의 *Sex-Related Cognitive Differences: An Essay on Theory and Evidence, Springfield(Illinois)*, Thomas, 1978과 M. B. Parlee의 〈Psychology: review essay〉, *Signs: Journal of Women in Culture and Society*, I, 1975, p.119-138를 들 수 있다. 후자는 특히 A. Scheinfeld에 의해 1968년에 만들어진 성들간의 정신적 자아와 행동적 차이들의 대조표에 관해서 언급하고 있다. 그리고 M. B. Parlee의 〈The Premenstrual Syndrome〉, *Psychological Bulletin*, 80, 1973, p.454-465.

하고 있는 재현까지도 영원히 지속되게 하는 것은 아닐까? 바로 거기에서 '여성의 역사'라는 부류로 연구하고자 했던 것에 접근하는 방식에 대한 완전한 개혁을 제한하려는 새로운 역설과 마주치게 될 것이다. 여성 조건의 가시적 변화를 넘어서 성별간의 지배 관계에서 볼 수 있는 불변적인 것들, 역사를 통하여 불변적인 것들을 끊임없이 제거했던 역사적 메커니즘이나 제도를 특권 대상으로 삼아야만 하는 것은 아닐까?

지식 안에서의 개혁은 실천 안에서의 결과 없이 있을 수 없으며, 특히 성의 물질적이고 상징적인 힘의 관련성에 대한 현상태를 변형시킬 수 있는 전략의 개념 안에서 결과를 갖지 않을 수는 없다. 지배 관계의 존속에 대한 원칙은 진정으로 혹은 원칙적으로 실행의 가장 가시적인 장소 안에서는, 즉 어떤 페미니스트 담론이 직시했던 가족 단위 안에서는 찾아볼 수 없지만, 학교나 국가 같은 제도 안에서 발견된다. 이들은 가장 사적인 세계의 한가운데에서 실행되고 있는 지배의 원칙을 만들어 내고 강요하는 장소이며, 지배의 모든 형태에 대항하는 정치적 투쟁의 한가운데에서 확고하고 독창적인 위치를 확보하려는 목적을 가진 여권 투쟁 앞에 펼쳐져 있는 광대한 행동의 장이 될 것이다.

I

과장된 이미지

남성과 여성을 모두 우리의 연구 대상에 포함시킴으로써, 인지와 평가라는 무의식적 표상의 형태로 남성적 질서의 역사 구조들을 합쳤다. 그래서 남성 지배에 대해 생각할 때에도 그 자체로 지배의 산물인 남성 중심의 사고 방식에 의존할 위험이 있다. 오로지 학문적 객관화에 대한 주체의 객관화를 시행하기에 적당한 실용적인 방법을 찾아냄으로써만이 이 악순환에서 빠져나올 수 있을 것이다. 우리가 여기서 택하려는 방법은, '오성의 범주들'이나 뒤르켐(Durkheim)이 말하듯이 우리가 세계를 구축하는 데 사용하는(이 세계로부터 비롯된 것으로서, 비록 눈에 띄지는 않는다 해도 근본적으로 세계와 일치하는) '분류의 형태들'을 탐구할 목적을 지닌 선험적 사색의 훈련을 실험실에서의 실험 같은 것으로 변형시키는 것이다. 이 실험실의 실험이란 카빌[Kabylie; 부르디외는 1958-1960년 사이 알제리대학교에서 강의를 하는 동안 철학과는 다른 연구 대상을 찾을 계기를 갖게 되는데, 그것은 알제리의 카빌 지방이 지닌 전통 사회에 대한 연구와 경제적·정치적 변화가 이런 유형의 사회에 미치는 영향에 대한 민속학적 연구였]의 베르베르족 사회처럼 이국적이면서도 친밀하고, 낯설면서도 친숙한 하나의 특유한 역사적 사회가 지니는 객관적 구조와 인지적 형태에 대한 민속학적 분석을 함에 있어서 무의식의 범주를 객관화할 수 있는 남성 중심적 무의식에 대한 사회 분석을 그 도구로 삼는 일이다.[1]

카빌의 농부들은 잦은 정복 전쟁과 체제 전복을 겪으면서 그 반작용으로, 제의적 전형화에 의해 시간으로부터 부분적으로 분리된 행동과 상대적으로 변질되지 않은 담화의 실용적 일관성으로 보호받으면서, 지중해 연안의 모든 사회에서 공통적인 '남근 숭배의 자기 도취'적 시야와 남성 중심의 우주론이라는 패러다임을 제시하고, 우리의 인지 구조와 사회 구조 내에서 오늘날까지도 부분적이기는 하지만 강하게 존속하고 있는 구조들을 고수해 왔다. 우리가 카빌의 특유한 경우를 선택한 것

---

1) 카빌인의 관점으로 버지니아 울프의 《등대로의 산책》을 다시 읽지 않았다면, 그 속에 그녀가 감추고 있는 (그리고 필자가 지금부터 제시할) 남성적 시선을 분석할 수 없었을 것이다. (V. 울프, *La Promenade au phare*──*To the Light-house*, trad. M. Lanoire, Paris, Stock, 1929, p.24.)

은, 한편으로 보존되어 온 카빌의 문화 전통이 지중해 연안의 전통적 패러다임을 구성하고 있다는 것과(그리스·이탈리아·스페인·이집트·터키·카빌 등 여러 지중해 연안 사회에서의 명예와 수치의 문제에 관련된 민속학적 연구들을 참조함으로써 이를 납득할 수 있을 것이다)[2] 다른 한편으로 카빌에서 관찰되는 제식들과 아르놀트 판 헤네프가 20세기 초반에 프랑스에서 수집하였던 제식들과의 비교 연구 결과가 입증하듯이, 유럽의 모든 문화적 영역이 이러한 전통들에 명백히 참여하고 있다는 사실 때문이다.[3] 물론 역사적 민속학의 수많은 연구 성과에 힘입어, 정신 분석이 그 해석적 표상의 본질을 철저히 파헤친 고대 그리스의 전통에 의존할 수도 있다. 그러나 그 어떤 것도 아직은 기능을 발휘하고 있고, 글로 씌어진 전통의 부재로 인해 부분적인 재해석에 머물고 만 체계에 대한 직접적인 연구를 대신할 수는 없다. 실상 필자가 이미 지적했듯이,[4] 그리스에 관한 자료는 수세기

2) Cf. J. Peristiany(ed.), *Honour and Shame: the Values of Mediterranean Society*, Chicago, University of Chicago Press, 1974. 그리고 J. Pitt-Rivers, *Mediterranean Countrymen. Essays in the Social Anthropology of the Mediterranean*, Paris-La Haye, Mouton, 1963.

3) A. Van Gennep, 《현대 프랑스 민속학 입문 *Manuel de folklore français contemporain*》, Paris, Picard, 3 vol., 1937-1958.

4) Cf. P. 부르디외, 〈독서, 독자, 학식 있는 이들과 문학 Lecture, lecteurs, le-

에 걸쳐 만들어졌는데 이같은 자료들의 분석은 체계의 연속적
이면서도 서로 다른 상태를 인위적으로 동시화(同時化)할 우려
가 있으며, 특히 깊이 있는 여러 재구상물로 이루어진 신화적
제식의 오래된 기반을 따랐던 텍스트에 동일한 인식론적 위상
을 부여할 위험을 안고 있다. 그리하여 스스로 민속학자인 양하
는 해석자는 거의 민속학자로서 활동하며, 호메로스나 헤시오
도스의 신화적 소명만큼이나 오래된 체하는 그들의 신화적 소
명이 이미 생략과 왜곡, 재해석을 내포하는 현학적 신화 자체인
작가들을 '순진한' 정보제공자로 취급할 위험을 안고 있다. (미
셸 푸코가 그의 《성의 역사》 제2권에서 그러했듯이, 지중해식의 오
래된 기반이 더 명백히 드러나는 소크라테스 이전의 철학자들은 덮
어두고라도 호메로스·헤시오도스·아이스킬로스·소포클레스·헤
로도토스 혹은 아리스토파네스 같은 작가들을 무시한 채 성(性)과
주체에 대한 연구를 플라톤에서부터 시작한다면 무엇을 말할 것인
가?) 지식이라 자부하는 모든 저서(특히 의학서)에서도 같은 모
호성이 발견되는데, 그 속에서는 대개 본질적인 점에 있어서 오
래된 지중해 신화를 현학적 신화로 전환시킨 아리스토텔레스

---

ttrés, littérature〉, in 《말해진 것들 *Choses dites*》, Paris, Éditions de Minuit, 1987,
p.132-143.

같은 권위자들에게서 빌려 온 것과 무의식인 구조에서부터 다시 고안되었거나 빌려 온 지식이 인정하거나 승인한 것을 거의 분별해 낼 수가 없다.

신체의 사회적 구축

　카빌 사회에서처럼 성의 질서와 성의 차별성이 제대로 확립되지 않고 우주를 주관하는 대립의 총체 속에 잠겨 있는 세계에서, 속성들과 성행위들은 인류학적이고 우주론적인 결정들로 짓눌려 있다. 그래서 성적인 것의 범주에 따라 우리가 스스로 이러한 것들을 구상하려 한다면, 그 심오한 의미를 무시할 수밖에 없을 것이다. 그 자체로 성의 특질에 대한 형성은 (성욕(érotisme)에서 그 완성을 발견할 수 있는) 우리로 하여금 사회적 의미로부터 직접 영향을 받은 사회화된 신체, 그 움직임, 그리고 이동의 성적인 위상(位相) 속에 뿌리를 박고 있는 성화(性化)된 우주론의 의미를 잃어버리게 한다——발기 또는 성행위에서의 상위 체위처럼 남성적인 것과 결합되어 있는 위로 향한 동작을 그 예로 들 수 있다.

　남성적인 것과 여성적인 것 사이의 대립에 따른 사물들과 행위들(성적이건 아니건 간에)의 분리는 고립된 상태에서는 자의적이지만 높고 낮음, 위와 아래, 앞과 뒤, 오른편과 왼편, 곧음과 구부러짐(그리고 비뚤어짐), 건조함과 축축함, 단단함과 물렁거림, 간간한 것과 무미건조함, 밝음과 어둠, 바깥(공적인 것)과 안(사적인 것) 등의 동질적 대립 체계 안에 끼워넣어짐으로써 객관적이고 주관적인 필요성을 부여받는데, 그 중 몇몇 대립은 위와 아래, 올라감과 내려옴, 밖과 안, 나감과 들어옴이라는 신체의 움직임에 상응한다. 서로 다르면서도 유사한 이 대립들은 실제적 전이와 은유의 지치지 않는 유희 속에서, 또 그 유희에 의해서 서로를 지원할 만큼 충분히 일치한다. 또한 그 각각의 대립에 조화로움과 함축된 의미와 상응성에 의한 다원적 결정의 소산인 의미의 두께를 부과할 만큼 충분히 다양하다.[5]

　　보편적 적용이라는 이러한 사고의 표상들은 겉보기에 모두가 한결같이 자연스러운 상이성의 체계 속에 속해 있는 것처럼 보인다. 그럼으로써 그 표상들의 '소속을 정해 줌'과 동시에, 그 표상들에 의해서 존재 가치를 부여받는 차이들과 변별

---

5) 성들간의 활동 분배에 대한 상세한 도표를 보려면 cf. P. 부르디외, 《실천 감각》, *op. cit.*, p.358.

적 특징들(예를 들면 신체적 질료로서)을 객관적으로 검증된 자연스러운 상이성인 것처럼 등재한다. 마찬가지로 그 사고의 표상들이 산출해 내는 예견들은 세상의 흐름에 의해서, 특히 생물학적이고 우주론적인 모든 주기에 의해서 끊임없이 확인된다. 또한 원인과 결과가 완전히 전복됨에 따라 힘의 관계와는 전혀 상관없는 의미의 관계 체계의 적용처럼 드러나며 사고의 표상들의 원칙에 속하는 지배의 사회적 연관성이 어떻게 의식에 나타날 수 있는지 우리는 알지 못한다. 신화적 제식 체계는 흔히 세분화된 사회에서 법률 분야에 맡겨지는 역할과 동일한 역할을 한다. 다시 말해서 체계가 제안한 관점과 분리의 원칙들이 앞서 존재하던 분리의 원칙에 객관적으로 부합되는 정도에 따라 이 체계는 이미 널리 알려지고 파악된 공식적인 존재로 정착된 질서를 이끌면서 이를 확고하게 만드는 것이다.

성의 분리는 사람들이 달리 어쩔 수 없을 만큼 정상적이고 자연스러운 것을 말할 때처럼 '사물들의 질서 속에' 있는 듯하다. 성의 분리는 객관화된 상태에서는 사물(예를 들어서 그 모든 부분이 '성적 구조를 지닌' 집 안)과 모든 사회 집단과 신체와 행동자의 아비투스[habitus; 부르디외의 아비투스 개념에 따르면 인간의 신체는 축적된 역사인 사회 제도에 의해서만이 통제되는 것이 아니고, 장구한 역사가 신체 안에 체화되어 지속적인 성향을 이루고 이 성향이 인간의 충동과 욕구에 대한 충족을 끊임없이 제한한다고 한다) 안에 혼합된 지각과 사고, 그리고 행동 표상 체계처럼 기능하면서 현존한다. (전달의 필요성에 따라 여기에서 그러하듯이 필자는 필자 스스로가 비난하기를 그치지 않았던 지성 편중적 철학 속에 빠지는 듯 보이는 위험에도 불구하고, 인식의 범주나 구조에 대해 말하는 바로 이 시점에서 실천 표상이라든지 성향에 대해서 말하는 편이 보다 더 나을 것이라고 믿는다.) '범주'라는 말은 동시에 농민들의 범주라는 사회적 단위와 인지적 구조를 가리키고, 그들을 묶는 관계를 드러내는 효력을 가지고 있기 때문에 때때로 일반적으로 통용된다. 객관적 구조들과 인지적 구조들 사이, 존재하는 것의 형성과 아는 것의 형태 사이, 세상의 흐름과 세상에 대한 기대 사이의 일치야말로 후설(Husserl)이 '자연적 자세' 또는 '공론(公論)적 경험'이라는 이름하에 기술한 세상과의 연관성을 가능케 한다——가능성에 대한 사회적 조건을 끌어들이지 않고서도 말이다. 이러한 경험은 사회적으로 구축된 성 구분에 의해 시작하여 사회적 집단과 그 자의적인 분리를 그것이 마치 자연적이고 명백한 것처럼 이해함으로써 합법성의 전체적 인식을 제한한다. 바로 인지적 구조와 사회적 구조의 일치를 통해서 사회 집단의 공론적 경험(예를 들어 우리의 사회 속에서 교육 체계의 재생산 논리)을 만드는 심오한 메커니즘의 활동을 엿볼 수 없음으로 해서, 서로 다른 철학적 견해를 가진 사색가들이 합법화(또는 사회적으로 언급된 것)라는 모든 상징적 결과들을 의식적이고 의도적인 **재현**(이데올로기·담화 등)의 질서로부터 파생된 요인 탓으로 돌릴 수 있게 되었다.

남성적 질서 자체가 이미 힘을 갖고 있다는 사실은 그것이 정당화를 필요로 하지 않는다는 점에서 확연히 드러난다.[6] 다시 말해서 남성 중심적 관점은 마치 중립적인 것처럼 강요됨으로써 그것을 합법화시킬 목적으로 담화 안에서 재차 서술될 필요가 없다.[7] 사회적 질서는 그 토대가 되는 남성 지배를 시인하려 드는 거대한 상징적 기계처럼 작용한다. 즉 노동에

---

6) 언어에 있어서와 마찬가지로 사회적 인식에 있어서 남성 젠더는 표시되지 않고 자연적인 것으로 나타난다. 결국 명백히 성격지어지는 여성 젠더에 반하는 것이다. 도미니크 메를리에는 글씨체로 '성(性)'을 알아내는 경우에서 그것을 확인할 수 있었는데, 여성적 흔적이 있느냐 없느냐만 문제시된다. (cf. D. 메를리에, 〈글씨체의 성. 여성성의 사회적 인식에 대한 주석 Le sexe de l'écriture. Note sur la perception sociale de la féminité〉, *Actes de la recherche en sciences sociales*, 83, juin 1990, p.40-51.)

7) 성적 위계를 정당화하는 신화를 실제로 발견할 수 없다는 것은 주목할 만하다. (식인귀 탄생 신화만 제외하고는[cf. P. 부르디외, 《실천 감각》, *op. cit.*, p.128], 그리고 성행위에 있어서 남녀간의 '정상적' 체위를 합리화하려는 신화에 대해서는 후에 언급하겠다.)

대한 성적인 구분이 그러하며, 각 성에 주어진 활동과 장소·시기·도구들에 대한 엄격한 분배가 그러하다. 또한 남자에게만 허용된 집회의 장이나 시장과 여자들에게 허용된 집 사이의 대립, 또는 집 내부의 화덕이 있는 남성적 부분과 외양간·우물·식물이 있는 여성적 부분 사이의 대립에서 나타나는 공간의 구조가 그러하다. 또한 남성적인 단절의 순간들과 여성적인 잉태의 긴 기간을 포함한 하루, 경작의 한 해, 또는 생명의 순환이라는 시간의 구조가 그러하다.[8]

사회 집단은 신체를 마치 성별로 구분된 현실처럼, 성적 의미를 부여하는 관점과 구분에 대한 원칙을 지닌 위탁물처럼 구축한다. 지각에 대한 합체된 사회적 프로그램은 세상의 모든 사물들에 적용되며, 생물학적으로는 우선 **신체 그 자체**에 적용된다. 즉 남자들이 여자들을 지배한다는 자의적 관계 속에 뿌리를 내리고 있는 신화적 관점에 따라서 생물학적인 성차를 구축하는 것이 바로 그 사회적 프로그램인데, 그 생물학적인 성

---

8) 여기서 모든 신화 제식적 체계의 분석을 상기해야 한다. (예를 들어 집의 내부 공간의 구조에 관한 cf. P. 부르디외, 《실천 감각》, *op. cit.*, p.441-461; 낮 동안의 일과에 대하여: p.415-421; 경작 시기의 구성에 대하여: p.361-409.) 모델 구축에 꼭 필요한 것만 여기에 언급하지 않았나 하는 염려가 있으므로 민속학의 '분석자'는 각고의 노력을 기울이고자 하는 독자를 위해 《실천 감각》이나, 혹은 적어도 여기에 제시한 개요 도표를 읽기를 권한다.

차는 노동의 구분과 더불어 엄연한 현실로서 사회적 질서 속에 구축되어 있다. **성**(sexes)간의 **생물학적인** 차이, 다시 말해 남성과 여성의 신체의 차이, 특히 성적 기관들의 **해부학적인** 차이는 사회적으로 구축된 **젠더들**(gendres)의 차이, 특히 노동의 성구분에 대한 자연적인 정당화처럼 나타날 수 있다. 신체와 그 움직임들, 사회적으로 구축된 노동에 순종하는 보편성의 모태는 그 의미, 특히 성적 의미에서 완전히 결의되어 있는 것도, 완전히 미결되어 있는 것도 아니며, 연관된 상징성은 관습적인 동시에 '유연적(有緣的)이어서' 거의 자연적인 것처럼 지각된다. 사회적 관점의 원칙이 해부학적 차이를 구축한다는 사실과, 구축된 차이가 그 차이의 토대를 다지는 사회적 관점에 대한 일견 자연스러워 보이는 근거와 보증이 된다는 사실로 인해, 우리는 객관적인 구분이라는 형태로 객관성 안에, 동시에 인지적 표상이라는 형태로 주관성 안에 각인된 지배의 명백한 연관성 속에 사고를 가두는 순환적 인과 관계를 갖게 된다.

남자(vir), **남자다움**(virtus)의 본질로서의 **체통**(nif)을 지키고, 명예를 보전하고 증대시켜 가야 한다는 윤리적 측면에서의 남자다움은 동시에 진정으로 남자다운 남자로부터 기대되는 성적인 힘——약혼자의 처녀성을 빼앗거나 다산에 대한 남성의 욕구 등——을 증명해 보임으로써, 적어도 암암리에는 육체

높음 오른쪽 (좌에서 우로, 종교)
남성 (공식적, 종교적, 공중적)
더위 남쪽 정오 (azal) 여름 백색
남성 지배 신성 곧음

불, 태양, 금
독수리, 빛 하늘,
채색, 체통, 적색
kanun, 구이, 양념, 성숙, 팬케이크, 밀, 소금
칼, 엽총, 자루, 낫, 양털용 빗, 동맹

노년   성년
                  건 조
                  위 (대들보)
          수확(상생)
          직조 재단
              바깥 (들판, 집회, 시장)
              열려 있음
              텅 빔

서   동
남 문턱 북   죽음 = 수태   직조실   북 문턱 남
   동   암실   서

램프, 경작지   녹색, 날것
잠두콩, 달걀, 뱀   가득 참 (부풀기)   암소, 풀
직조 개시   닫혀 있음 (어려움, 울타리 안)   우유, 버터
황실, 기름   안 (집, 마당, 샘, 숲)   미성숙 밀
                     아래 (뉘어짐, 중앙 기둥)
결혼 저녁의   습 함   유년
      금기
              복부, 석류, 자고새, 암탉
              thamgharth, 동일 촌수 종자매, 비밀, 흑색
잉태   냄비, 죽, 보리, 부드러움, 무미건조함   출생
              피 h'uma,
              외양간, 수면 (죽음), 땅,
              무덤, 어둠, 달

여성 경작된 자연 신성 서투름 피지배

추위 북쪽 밤 겨울 (azegzaw)
여성 (비공식적, 마술적, 일상적)
낮음 왼쪽 (우에서 좌로) 뒤틀림

야 생 적 자 연
홀수
나체, 소녀, 고인 물
식인귀, 마녀, 배반, 술수
흑인, 대장장이, 자칼 (분리), 멧돼지

관여적 대립의 개요

수직적 대립(건조/습함, 높음/낮음, 남성/여성 등)에 따르거나 과정에 따라
(결혼·임신·출생 등 생의 순환 주기의 과정), 그리고 운동(열다/닫다, 들어가다/
나오다 등)에 따라 이 도표를 읽을 수 있다.

적인 남자다움과 불가분의 관계에 놓여 있다.

항상 은유적으로 묘사되지만 아주 드물게 명명되거나 명명될 수 있는 남근이라는 말이 번식 능력의 모든 집단적 환각(fantasme)들을 집약하고 있음을 우리는 알고 있다.[9] 출산이나 할례, 치아가 돋을 때에 먹는 튀김이나 팬케이크처럼 남근은 '솟아오르거나' 혹은 '일어난다.' **부풀기**(gonflement)라는 다소 애매모호한 표상은 그 모양대로(남근과 여자의 복부) 부풀게 하게끔 된, 특히 부풀거나 부풀게 하는 음식물을 수단으로 해서 남성의 힘에 의한 번식 행위가 실행되어야 할 결혼과 같은 순간들에──번식과 유사한 행위인 경작의 개시 시기에서──요구되는 번식의 제식에 대한 생식 원칙이다.[10]

형태론적인 연관(예를 들자면 **남근**(abbuch)과 **남근**의 여성형

---

9) 유럽 전통은 육체적 혹은 정신적 용기를 남성성에 연결("뭔가 지니고 있다" 등)시킨다. 그리고 베르베르족의 전통에 있어서처럼 체통의 상징인 코(nif)의 크기와 예상되어지는 남근의 크기 사이의 연관을 명백하게 짓고 있다.

10) Ufthyen 같은 부푸는 음식과 부풀게 하는 음식에 대하여는 cf. P. 부르디외,《실천 감각》, *op. cit.*, p.412-415, 그리고 신화적으로 애매모호하고 여러 동기가 적용되며 불확실한 대상이나 행위의 기능에 대하여는 p.426 이하를 참조.

인 **유방**(thabbucht) 사이)과, 생식에 관련된 상징들이 드러나는 구조적 모호성은 그 상징들이 생명으로 충만함, 또는 생명을 부여하는 생명체의 여러 다른 표출들을 재현한다는 사실로 설명될 수 있는데, 젖이나 그것과 유사한 정액이 바로 그것이다.[11] (남편이 오랫동안 집을 떠나 있게 될 때, '한 병의 정액, 응고된 젖'을 아내에게 가져올 것이라고 말하고, 혼외의 관계를 숨기지 못한 남자에 대해서는 "그 남자는 자신의 턱수염에 정액을 쏟았다"고 말하며, "그는 먹고 마셨다(yecca yeswa)"라는 말은 그가 성교를 했다는 것을 의미하고, 유혹을 이겨낸다는 것은 "그 남자의 가슴 위에 정액을 쏟지 않는다"고 말한다.) 여성 생식의 상징인 **달걀**(thamellalts)과 **고환**(imellalen) 사이에도 마찬가지의 형태론적인 관계가 있는데, 음경을 두 개의 달걀을 품고 있는 하나의 수컷이라고 말하는 것이 그것이다. 그리고 마찬가지의 연상 작용들이 정액(zzel)과 가득 채우다·번성하다 등의 의미를 지닌 어근(-aâmmar)

---

11) 가장 잘 상기시켜 주는 용어는 ambul인데, 원래 뜻은 방광, 굵은 순대, 그리고 남근이다. (cf.T.Yacine-Titouh: 〈공포에 관한 인류학. 알제리 남녀 관계의 경우 L'exemple des rapports hommes-femmes, Algérie〉, in T.Yacine-Titouh(éd.), 《북아프리카와 사하라의 사랑, 팡타즘, 사회 Amour, phantasmes et sociétés en Afrique du Nord et au Sahara》, Paris, L'Harmattan, 1992, p.3-27; et 〈여성성 혹은 카빌의 사회적 상상력 속에 나타난 공포의 재현 La féminité ou la représentation de la peur dans l'maginaire social kabyle〉, Cahiers de littérature orale, 34, INALCO, 1933, p.19-43.)

을 가진 충만함(la âmmar)을 의미하거나, 충만함을 상기시키는 단어들 안에서 발견된다. 이러한 것들은 생명으로 가득한 것, 생명으로 채우는 것이란 의미를 가지며, 풍요의 제식들의 형성에서 부풀기의 표상과 규칙적으로 결합하는 **가득 채우기**(rem-plissement: 가득함과 텅빔, 생식과 불모 등)의 표상이다.[12]

남근의 발기를 자연의 재생산 과정(발아·잉태 등)에 내재하는 부풀기의 생명적 역동성과 연관시키면서, 성적 기관들의 사회적 **구축**(construction)은 논쟁의 여지가 없는 어떤 자연적 특성들을 상징적으로 각인시킨다. 그러한 구축은 다른 메커니즘들과 더불어 사회적 **구역**(nomos)의 자의성을 자연의 필요성(phusis)으로 변환시키는데, 이 메커니즘들 중 가장 중요한 메커니즘은 우리가 보았던 대로 동질적이고 상호 연계적 관계들의 체계에다 각 관계(예를 들어서 가득함과 텅빔)를 끼워넣는 것이다. (신화적 제의의 모든 체계 안에서 만들어지는——예를 들어 씨앗의 발아를 부활의 의미로, 이름을 손자에게 물려줌으로써 조부가 재탄생한 것처럼 여기는 것 등——객관적이고 우주적이

---

12) 가득함/텅빔의 표상과 채워짐에 대하여, cf. P. 부르디외, 《실천 감각》, *op. cit.*, p.452-453 그리고 p.397(뱀에 관하여).

며, 특히 생물학적인 과정에 대한 **상징적인 봉헌**(consécration symbolique)의 논리는 이 체계에 객관적인 토대를 부여하며, 그렇게 함으로써 절대화된 믿음에도 객관적인 토대를 부여한다.)

피지배자들이 지배의 산물인 표상들을 그들을 지배하는 것에 적용할 때, 달리 말해서 피지배자들의 사고와 지각이 그들에게 강요된 지배 관계의 구조 자체에 부합하여 구조화될 때, **지식**(connaissance)의 행위는 불가피하게 복종이라는 **인식**(reconnaissance)의 행위가 된다. 그러나 현실 혹은 자연 세계의 과정들과, 여기에 적용되는 구분의 원칙 사이에 아무리 밀접한 대응 관계가 있다 하더라도 사물들의 의미와, 특히 성적 현실성의 의미에 관한 **인지적인 투쟁**을 위한 자리는 항상 있기 마련이다. 어떤 대상에 대해 한정짓지 못한 부분을 남겨둠으로써 피지배층에게 상징적 강요의 결과에 저항할 수 있는 가능성을 제공하면서 실제로 반대의 해석을 허용한다. 그렇게 해서 여자들은 여성 고유의 성[13]에 대하여 지극히 부정적인 재현을

---

13) 여성들은 그녀들의 성이 숨겨져 있고('들러붙은 돌'), 움츠러지고(yejmaâ), 매력(serr)의 보호 아래 있기에 아름답다고 생각한다. (숨겨져 있지 않기 때문에 매력(serr)이 없는 남자의 성과 달리.) 그것을 지칭하는 말들 중에 takhna는 프랑스어의 '맹꽁이' 같은 바보짓을 표현하기 위해 감탄사(A takhna!)로 사용된다. ('takhna의 얼굴'은 잘생긴 코가 보여주는 예와는 달리 납

유도하는 지배적 지각의 표상(높음과 낮음, 단단함과 물렁거림, 곧음과 휘어짐, 건조함과 습함 등)에 의거하여, 남자의 성적 특성을 물렁거리고 힘없이 늘어진 것들(laâlaleq·asaâlaq는 양파 혹은 꼬치에 꿰어진 고기를 표현하는 데 사용되며, acherbub는 노인의 힘없이 물렁거리는 성기를 가리키고, ajerbub는 누더기에 연관되기도 한다)[14]과 유추하여 생각한다. 또한 축소된 남자의 성기보다 여성의 성기가 우월하다는 뜻으로 통하는 "너, 너의 물건(laâlaleq)은 늘어져 있지만 나, 나는 쩍쩍 붙는 돌이다"[15]라는 표현도 있다.

그러므로 성적 기관에 대한 사회적 정의는 단순히 직접적인 지각으로 드러나는 자연적 특성으로 볼 수 없으며, 일련의 유도된 선택을 대가로 치르고, 특정한 상이성의 강조와 특정한 유사성의 상실을 통해서 행해진 구축의 산물이다. 여성의 질을 남근을 뒤집어 놓은 것으로 보는 관점은 마리-크리

작하고 보기 흉한 얼굴이다.) 또 다른 베르베르어 중에서 질, 그리고 더 경멸적인 말인 achermid 역시 기분 나쁜 이들을 가리킨다.

14) 이 모든 말들은 물론 금기시되고 있다. 그것들에 완곡한 대리역을 하는 용어들, 즉 **일들**이나 **도구들**을 가리키는 duzan, 접시(laqlul), 음식물(lah'-wal), 혹은 꼬리(azaâkuk)처럼 겉보기에 별것 아닌 말들도 마찬가지이다.

15) Cf. T. Yacine-Titouh, 〈공포에 관한 인류학〉, *loc. cit.*

스틴 푸셸이 중세의 한 외과의사의 기록에서 발견했는데, 궁정적인 것과 부정적인 것, 제대로 된 것과 뒤집힌 것 사이의 동일한 기본적 대립을 따른 것으로, 남성적 원칙이 모든 것의 척도로 제시되는 순간 이 대립은 한층 강요된다.[16] 그러므로 남자와 여자가 마치 같은 생리적 구조를 지닌 우월하고 열등한 두 변이체로 인식됨으로써, 르네상스 시대까지는 남자의 성기와 같지만 다른 식으로 조직된 기관들로 구성된 것으로 여겨왔던 여성의 성기를 세부적으로 묘사할 수 있는 해부학적 용어를 갖지 못하였다.[17] 또한 이본 크니비일러가 보여주었듯이 19세기초의 해부학자들(특히 비레(Virey))은 윤리학자들의 담론을 계속 사용하면서 내부와 외부, 감성과 이성, 수동과 능동 같은 전통적인 대립적 개념을 적용시킴으로써 남성이 우월하다는 사회적 위상의 정당성을 여자의 몸 안에서 발견하려고 했다.[18] 그러한 관점은 클리토리스로부터 질로 여자의 성이 옮

---

16) M. -C. Pouchelle,《중세의 절정기에 있어서의 육체와 외과학 *Corps et Chirurgie à l'apogée du Moyen Age*》, Paris, Flammarion, 1983.

17) Cf. T. W. Laqueur, 〈Orgasm, Generation and the Politics of Reproductive Biology〉, in C. Gallagherand, T. W. Laqueur(eds), *The Making of the Modern Body: Sexuality and Society it the Nineteenth Century*, Berkeley, University of California Press, 1987.

18) Y. Knibiehler, 〈민법의 시대에 있어서 의사와 '여성적 성격' Les méde-

아간 프로이트적 이론에 이르기까지 지속되었다. 사람들이 그들에게 때때로 부여하는 근원적인 역할과는 달리 남성과 여성의 성기 사이의 가시적 차이들은, 그 원칙 자체로 남자와 여자에게 부여되어 사회적 위상 속의 남성 중심적 판단 원칙들 속에서 발견되는 사회적 구축이라고 설득하기 위해서는, 토마스 라퀘르[19]가 보고한 대로 클리토리스의 '발견'의 역사를 따르는 것으로 충분할 것이다.[20]

성기관의 인식, 더욱이 성행위의 인식을 구조화하는 표상들은 남자든 여자든 상체와 하체로 나뉘는데, **허리띠**(ceinture)

---

cins et la 'nature féminine' au temps du Code civil〉, *Annales*, 31(4), 1976, p.824-845.

19) T. W. Laqueur, 〈Amor Veneris, Vel Dulcedo Appeletur〉, in M. Feher, R. Naddaf 그리고 N. Tazi(eds), *Zone*, Part III, New York, Zone, 1989.

20) 성 차이(그리고 인종 차이: 그 논리는 마찬가지이다)의 **이입**에 있어서 자연적 역사와 자연주의자의 기여를 보여주는 숱한 연구들 중에서 Londa Schiebinger의 연구를 들 수 있는데(*Nature's Body*; Boston, Beacon Press, 1993), 어떻게 자연주의자들이 그들의 아내와 딸에게서 발견하기 원하는 '겸손'을 동물의 암컷에게 부여하는지를 나타내 준다. 혼인에 대한 그들의 연구 용어로는 "단지 여자들만이 혼인에 의해 신의 섭리대로 축복받는다" "혼인은 그녀들의 순수함을 지켜 주고" "혼인은 그녀들의 성소의 입구"(p.93-94) 등이 있다. 그리고 흔히 남성의 명예와 연관된 턱수염은 남자를 여자로부터, 또한 귀하지 않은 자들, 다른 '종족들'을 구분시킨다(p.115)라고 결론을 내린다.

로 표시되는 경계는 닫힘의 기호(허리띠를 꼭 **죄고**(serrée) 있거나, 그것을 **풀지**(dénoue) 않는 것은 정숙하고 부덕한 것으로 간주된다)이자 여성에게 있어서는 순수와 불순 사이의 상징적인 경계이다.

여성의 신체에 있어서 허리띠는 팔짱을 끼거나 다리를 꼭 붙이거나 옷깃을 여미거나 하는 행위에서 보여지듯이 **닫힘**(fermeture)을 의미하는 기호들 중의 하나인데, 많은 분석가들이 말하듯이 오늘날에도 유럽과 미주 사회에서는 여전히 여성들에게 강요되고 있다.[21] 허리띠는 성스러운 물건이며(사회적으로 성스러운 것으로 간주되는 질을 보호하는 성스러운 경계를 상징함으로써), 뒤르켐식 분석에 따르자면 종교적으로 축복된 접촉의 조건들, 다시 말해서 합법적이거나 반대로 '신성모독적인 행동자들, 그 순간들과 행위들'을 대단히 엄격하게 한정하는 회피와 접근의 엄격한 규칙에 복종하는 대상이다. 이 규칙들은 특히 혼인 의식에서 잘 드러나며, 오늘날 남자 의사가 질 검진을 하는 상황에서도 잘 드러나는데, 상대적으로 개

---

21) Cf. 예를 들어서 N. M. Henley, *Body Politics, Power, Sex and Nonverbal Communication*, Englewood Cliffs(N. J.), Prentice Hall, 1977, 특히 p.89 이하.

방적인 미국에서조차 그러하다. 상징적으로건 실제적으로건 산부인과 검진이 갖는 잠재된 성적인 의미를 중화하는 것이 문제인 만큼, 의사는 결코 동시에 쳐다볼 수 없도록 허리띠로 상징되어지는 공공적 인물과 질 사이의 경계를 고수하려는 진정한 제식에 따른다. 그래서 우선 의사는 환자를 문진한 후, 간호사 앞에서 환자의 옷을 벗게 한다. 그 다음 의사는 간호사의 참관하에 상체를 천으로 가리고 누운 환자의 몸을 진찰하는데, 환자와 분리된, 사물의 상태로 축소되어진 질을 검진한 후, 간호사에게 환자를 제3인칭으로 지칭하며 검진 사항을 전달한다. 제3단계에서 의사는 옷을 다시 입은 환자에게 간호사가 동석하지 않은 상태에서 검진 결과를 말해 준다.[22] 질이 계속 물신화되고 성스럽고 은밀한 것으로 터부시됨으로써, 성의 상업은 여성들이 노동에 종사하듯이 매춘에 종사할 수도 있다는 사실을 회피하는 법조문에서처럼 공통의 의식 안에서 비난받고 있다.[23] 돈을 개입시킴으로써 흔히 남성적 성욕(érotisme)은 물건

---

22) J. M. Henslin, M. A. Biggs, 〈The Sociology of the Vaginal Examination〉, in J. M. Henslin(ed.), *Down to Earth Sociology,* New York-Oxford, The Free Press, 1991, p.235-247.

23) 미국법은 '비윤리적인 이득으로 사는 것'을 허용치 않는다. 이는 성(性)의 속박받지 않는 선물만이 합법적이고, 또한 돈에 매수되는 사랑은 신체

의 상태로 축소된 몸 위에서의 난폭한 힘의 행사를, 그리고 폭력적인 상황을 예외로 한다면 몸은 (피처럼) 완전 무상으로만이 제공될 수 있다는 법을 위반하는 신성모독을 향락의 추구에 결합한다. [24)]

신체는 **성적으로 차별되는** '앞'과 성적으로 차별되지 않는, 동성애에 대한 지중해 지방의 모욕적인 몸짓(특히 유명한 '팔 동작')[25)]이나 말로 상기되듯이 잠재적으로 여성적인, 수동적이고 복종적인 '뒤'를 지닌다. 신체의 공적인 부분은 얼굴·이마·눈·콧수염·입으로, **자신을 표현하는 고귀한 기관들**이며 타인

가 숨기고 있는 성스러운 것을 파는 것인 만큼 신성모독임을 의미한다. (cf. G. Pheterson, 〈The Whore Stigma, Female Dishonor and Male Unworthiness〉, *Social Text*, 37, 1993, p.39-64.)

24) "돈은 퇴폐의 대표적 유형을 놓고 볼 때 없어서는 안 되는 부분이다. 왜냐하면 퇴폐적 팡타즘은 이해하기 어렵고 교환 불가능한 자기 속에 있기 때문이다. 통화는 그 추상적 성격에 의하여 보편적으로 이해하기 쉬운 그 대응적인 것을 구성한다."(P. Klossowski, *Sade et Fourier*, Paris, Fata Morgana, 1974, p.59-60.) "이런 종류의 도전으로 사드는 가치와 값의 개념이 관능적 감정의 기저 자체에 기재되어 있고, 그 어떤 것도 무상이 주는 즐거움만한 것은 없다는 것을 입증한다."(P. Klossowski,《낭트 칙령의 혁명 *La Révocation de l'édit de Nantes*》, Paris, Éditions de Minuit, 1959, p.102.)

25) '소유된' '성관계를 억지로 당한' 남자를 가리키는 말보다 더한 모욕은 없다.

의 얼굴을 마주 쳐다보는 데 필요한 **체통**(nif)으로 사회적 정체
성을 드러낸다. 반면에 사적인 부분들은 숨겨져 있고, 수치스
러워서 명예가 감추기를 명한다. 남근과 **이성**(logos) 간의 연관
(정신 분석에서 말하는) 역시 신체의 합법적 사용에 대한 성 구
분의 중재에 의해 이루어진다. 즉 상체의 공공연하면서도 능
동적인 사용──정면으로 향하고, 맞부딪히며, 마주 보고(qa-
bel), 얼굴과 눈을 들여다보며, **공개적으로** 말하는 것──은
남성의 점유물이다. 반면 카빌에서 여성은 공공의 장소와 격
리되어 있는데, 공적으로 시선(여성은 사람이 있는 곳에서는 시
선을 내리깔고 걸어야 한다)과 말(그녀에게 적합한 단 한마디의
말은 '난 모른다'이며, 이는 결정적이고 단호하며 동시에 깊은 생각
에서 나오는 정돈된 단언인 남성적 파롤(parole)과 대조된다)을 사
용할 수 없다.[26]

　　대립되는 두 가지 원칙들──둑과 고랑, 하늘과 땅, 불
과 물 등──의 모든 통합 형태들을 생성하는 근원적인 모

---

[26] 비우호적인 편견의 습관적 논리에 따르면, 남성적 재현은 그것이 요
구하는 혹은 생산되도록 기여하는 여성적 능력 혹은 무능력을 처단할 수
있다. 그렇게 해서 "여자들 사이에 시장은 이루어지지 않는다"는 점과─
─그녀들은 말이 많고, 특히 결정을 하지 않은 채 7일 밤낮을 토론만 하
고 있을 수 있다──동의를 표하기 위해서 여자들은 두 번씩 네라고 말한
다는 점을 주목할 수 있다.

태라 하더라도, 성행위 자체는 원칙적으로 남성성의 우월함의 징표로 간주된다. 성의 대립은 일련의 신화적 제식의 대립 안에서도 찾아볼 수 있다. 다시 말해 높고 낮음, 위와 아래, 건조함과 습함, 더움과 차가움(성적 욕구를 가진 남자에 대하여 '그의 kanoun이 붉다' '그의 냄비가 탄다' '그의 북이 데워진다'라고 말하고, 여자들에 대해서는 그녀들이 '불을 끄고' '시원함을 주고' '마실 것을 주는' 능력을 가졌다고 말한다), 능동과 수동, 움직임과 고정(성행위는 윗부분은 움직이지만 아랫부분은 땅에 고정되어 있는 맷돌과 비교되거나, 왔다갔다하는 빗자루와 집과의 연관성에 비교된다)이 그 대립들이다.[27] 그럼으로써 정상적으로 간주되는 체위는 논리적으로 남자가 '위를 취하는' 체위가 된다. 질은 비어 있는 것으로, 또한 남근의 부정적 **뒤집힘**(inversion)으로 간주되어 음침하고 재앙을 가져다 주는 곳으로 여겨지기 때문에, 여성 상위의 사랑의 체위는 많은 문화권에서 명시적으로 금지되어 있다.[28] 카빌의 전통은 검증적 담론에서는 잘 쓰이지 않지만 노동의 성적 구분 속에서, 생산적인 또는 재생

---

27) Cf. T. Yacine-Titouh, 〈공포의 인류학 Anthropologie de la peur〉, *loc. cit.*
28) Charles Malamoud에 의하면, 산스크리트어는 이를 정의하기 위해 Vi-parita라는 말이 사용되었다. 이는 뒤집혔다는 말로 위아래가 없는 이면의 세계를 지칭한다.

산적인 노동에 있어서의 성적 구분을 중재로 한 모든 사회적 질서 안에서, 더 나아가 우주적 질서 안에서 두 성에 부여된 신체의 위치를 합법화하기 위하여 기원 신화의 도움을 받아 제시된다.

"첫번째 남자가 첫번째 여자를 만난 곳은 샘터(tala)였다. 여자가 샘물을 긷고 있을 때, 한 도도한 남자가 거만하게 여자에게 다가와서 마실 것을 청하였다. 그녀 역시 목이 말랐기 때문에 여자는 남자의 부탁을 거절했다. 기분이 상한 남자가 그녀를 밀쳤다. 그녀는 미끄러지며 땅바닥에 넘어졌다. 그때 남자가 여자의 엉덩이를 보게 되었는데, 자신의 것과 다르다는 사실을 발견했다. 남자는 어리둥절했다. 여자는 더 교활해서 남자에게 많은 것을 가르쳐 준다. '누워. 네 물건이 어디에 쓰이는지 말해 줄게.' 그녀가 말했다. 그는 땅에 길게 드러누웠다. 여자가 그의 페니스를 쓰다듬자 그것은 두 배로 커졌고, 그녀는 남자 위에 몸을 뉘었다. 남자는 커다란 쾌락을 맛보았다. 그는 그같은 짓을 다시 하기 위해 여자를 어디든 쫓아다녔는데, 여자는 불을 일으킬 줄 아는 등 남자보다 많은 것을 알고 있었다. 어느 날 남자가 여자에게 말했다. '나 역시 네게 보여주겠어. 나도 뭔가 할 줄 알아. 누워 봐, 그러면 내가 네 위에 누울게.' 여자는 바닥에 누웠고, 남자가 그녀 위에 올라탔다. 그는 같은 쾌락을 느꼈다. 그리하여 남자는 여자에게 말했다. '너는 샘터에서이고 (지배자이지만), 집에선 내가 지배자야.' 남자의 생각의 요점은 이 마지막 말이며, 이후 남자들은 항상 여자들 위에 올라가기를 좋아한다. 그렇게 해서 남성들은 우선자가 되었으며, 무엇이든 지배해야 하는 것은 그들이다."[29]

　　사회적 공언의 의도는 여기서 단도직입적으로 확인된다. 기반이 되는 신화는 남성적 원칙이 지배하는 사회 질서처럼 이해되는 문화의 기원에서 자연과 문화 사이의, 자연의 '섹슈얼리티'와 문화의 '섹슈얼리티'〔성 성향. 이에 대한 사회학적 연구는 성적 행동, 성적 정체성과 역할의 사회 역사적인 구성을 둘러싼 사회적·문화적 규범의 상대성을 강조한다. 푸코와 위크스(Weeks) 등은 육체에 대한 통제가 체계적인 지식을 통해 다양한 방식으로 행사된다는 사실을 지적하여 자연주의적, 본질주의적 견해에 도전하였다. 사회학 사전-고영복편 참조〕사이의 구성적 대립(샘터와 집의 대립의 예를 통해서 보듯이, 그것이 검증되리라는 기대 속에서 이미 약속된)을 설정한다. 여성적 장소인 샘터에서 이루어진 사회적 무질서 행위와, 성적 사랑의 본질을 깨우치고 있는 외

---

29) Cf. T. Yacine-Titouh, 〈공포의 인류학〉, *loc. cit.*

설적 안내자인 여자의 주도권에 대립되는 것은 남자의 요구와 사물의 질서, 사회적 질서와 우주적 질서의 근본적인 위계질서가 확립된, 인간에 의해 가공된 장소이자 하늘을 향해 열린 여자의 가랑이로 간주되는 수직적인 기둥 위에 얹힌 대들보(asalas alemmas)가 지닌 우월성으로 상징되는 집, 여성 원칙에 대한 남성 원칙의 합법적인 지배 장소인 집에서도 실행되는 가정적이고 가정화된 **구역**(nomos)에 복종하는 행위이다.

위 또는 아래, 능동 또는 수동이라는 이러한 평행적인 택일은 성행위를 마치 지배의 연관처럼 기술한다. 프랑스어로 'baiser' 혹은 영어로 'to fuck'처럼 '성적으로 소유하다'라는 말은 그의 힘에 복종한다는 뜻에서 '지배하다'이지만, 또한 바람나다·남용하다·'갖다'(반면 유혹에 저항함은 바람 피우지 않는다, '가지도록 하지' 않는다)라는 의미를 가진다. 남성적인 것의 표출은 (합법적이거나 비합법적이거나) 영예로운 공적, 영웅담의 논리 안에 위치한다. 가장 사소한 성적 위반이라 하더라도 극단적인 신중함 때문에 공개적으로 표현하지는 못한다 해도, 다른 남자들에 대한 남성적인 완벽성을 과시하기 위한 간접적인 도전은, 지중해 지방뿐 아니라 여타의 다른 지방에서도 보여지듯이 의식적으로 과시되는 남성적 섹슈얼리티의 투쟁적 관점의 원칙을 지니고 있다.

성행위의 정치사회학은 지배 관계에서 늘상 그러하듯이 두 성의 실제와 재현이 전혀 대칭적이지 않게 나타나도록 한다. 오늘날의 구미 사회에 이르기까지도 남자들에 의해 흔히 정복 논리(특히 여자를 정복하는 것에 대한 허풍이 큰 몫을 하는 친구들 사이의 대화 속에서)로 간주되는 사랑의 관계에 대해 소녀들과 소년들은 매우 다른 관점을 가지고 있다.[30] 남자들에게는 성행위 자체가 지배, 제 것으로 삼기, '소유' 형태인 것처럼 받아들여진다. 거기에서부터 섹슈얼리티에 대하여 남자들과 여자들이 가질 수 있는 기대 사이의 괴리, 그리고 그 결과로 생긴, 때때로 모호하거나 속임수적인 '기호들'에 대한 그릇된 해석에 연관된 오해가 생긴다. 굳이 삽입하지 않더라도 애정이 깃든 다양한 행위들(말하기, 만지기, 쓰다듬기, 껴안기 등)[31]로도 성생활을 할 수 있는 여자들과는 달리, 남자들은 삽입과 오르가슴이라는 과격한 정복의 행위만으로 섹슈얼리티를 '구획화'하려는

---

30) Cf. B. Ehrenreich, *The Hearts of Men, American Dreams and the Flight from Commitment,* Doubleday Anchor, Garden City, New York, 1983; E. Anderson, *Streetwise: Race, Class and Change in an Urban Community,* Chicago, Chicago University Press, 1990.
31) M. Baca-Zinn, S. Eitzen, *Diversity in American Famillies,* New York, Harper and Row, 1990, p.249-254; L. Rubin, *Intimate Strangers,* New York, Basic, 1983.

경향을 지닌다. [32) 다른 점들과 마찬가지로 이 점에 있어서도 다양함이 사회적 위치, [33) 나이――그리고 이전의 경험들――에 따라 매우 달라진다 해도 겉보기에 대칭적인 실제들(**펠라티오**(la fellatio)와 **쿤닐링구스**(le cunnilingus)처럼)이 남자에게 있어서(복종 혹은 얻어진 쾌락을 통해 지배의 행위를 보려 하는), 그리고 여자에게 있어서 상이한 의미를 덧붙이려 한다는 것을 일련의 예를 통해 추론할 수 있다. 남성적 쾌락은 한편에 있어서는 여성에 대한 쾌락, 즐겁게 해줄 수 있는 힘에 대한 쾌락이다. 즉 캐서린 맥키넌(Catharine MacKinnon)이 〈오르가슴의 위장〉에서 말했듯이 여성의 오르가슴이 남성성에 대한 증거와 복종이라는 최고의 형태에 의해 확인된 쾌락이기를 기대하는 남자들의 관점에서, 두 성의 상호 행위를 일치시키려는 남성 권력의 예시적 확인을 본 것은 분명히 옳다. [34) 게다가 성적 괴롭힘은 전적으로 성

---

32) D. Russell, *The Politics of Rape*, New York, Stein and Day, 1975, p.272; D. Russell, *Sexual Exploitation*, Beverly Hills, Sage, 1984, p.162.

33) 입증의 필요에 의해서 남자들과 여자들에 대해 말할 때 그들의 사회적 위치에 대해서는 언급하지 않았다 하더라도 각 경우에 있어서, 필자가 이 책에서 앞으로 여러 번 그러겠지만 사회적 구별의 원칙에 의해 성 구분의 원칙이 따르는 (혹은 반대로) 규정화를 염두에 두어야 한다고 생각한다.

34) C. A. MacKinnon, *Feminism Unmodified, Discourses on Life and Law*, Cambridge(Mass.) et Londres, Harvard University Press, 1987, p.58.

적 소유만을 추구하는 것은 아니다. 다시 말해 성적 괴롭힘이
란 말 그대로 소유, 순수한 상태의 지배에 대한 순수한 확인을
목적으로 할 수도 있다.[35]

성교가 지배의 사회적 관계의 표현이라 해도, 그것은 남
성적·능동적인 것과 여성적·수동적인 것 사이의 기본적인 구
분 원칙을 통해서 구축되었고, 이 원칙은 욕망, 소유의 욕망, 성
적인 지배 같은 남성 욕망과 남성 지배에 대한 욕망, 성적인 복
종, 지배의 성적인 재인식 같은 여성 욕망을 창조하고 조직하
며 표현하고 이끈다. 동성애 관계에서처럼 상호성이 가능한 경
우, 섹슈얼리티와 힘의 연관은 특별히 명백한 방식으로 드러
난다. 특히 성교시의 위치와 역할은 능동적이든 수동적이든
가능성과 의미를 동시에 결정하는 사회적 조건은 분리될 수
없는 것처럼 보인다. 삽입은, 특히 이것이 남자에게 행하여질
때에는 남성적 리비도가 결여되지 않은 **지배적 리비도**(libido do-
minandi)를 확인하는 행위가 된다. 우리가 알고 있는 여러 사회
에서 동성애적 소유는 '힘'의 표출, 지배의 행위(어떤 경우엔 '여

---

35) Cf. R. Christin, 〈La possession〉, in P. 부르디외, 《세계의 비참 *La Misère
du monde*》, Paris, Éditions du Seuil, 1993, p.383-391.

성화'시키면서 우월성을 확인하기 위해 행하여지는)로 간주된다. 이런 이유로 해서 그리스인들에게 있어서 동성애적 소유는 지배받는 자들로 하여금 치욕을 느끼게 하고, 완성된 남자와 시민으로서의 위상을 상실케 하며,[36] 로마 시민에게 있어서 노예와의 '수동적' 동성애는 마치 '괴물스러운' 뭔가로 여겨진다.[37] 마찬가지로 존 보스웰에 의하면 "삽입과 권력은 지도자적인 남성 엘리트의 특권에 속해 있었고, 삽입에 굴복하는 것은 권력과 권위에 대한 상징적 소멸이었다."[38] 섹슈얼리티와 권력을 잇는 이러한 관점에서, 남자에게 가장 심한 모욕은 여자로 변형되는 것에 있다. 그들을 **여성화**(féminiser)시킬 목적으로 성적 모욕을 가하고, 남성성에 대해 조롱하며, 동성애에 대해 비난하고, 그들이 여자들인 것처럼 처신해야 하는 필요성을 이용해 의도적으로 사실을 조작한다. "자신의 신체에 대해 끊임없이 의식하고, 모욕이나 우스꽝스러운 조롱에 항상 노출되어 있으

---

36) Cf., 예컨대 K. J. Dover, 《그리스의 동성애 *Homosexualité grecque*》, Paris, La Pensée sauvage, 1982, p.130 이하.

37) P. Veyne, 〈로마의 동성애 L'homosexualité à Rome〉, *Communications*, 35, 1982, p.26-32.

38) J. Boswell, 〈Sexual and Ethical Categories in Premodern Europe〉, in P. McWhirter, S. Sanders, J. Reinisch, *Homosexuality/Heterosexuality: Concepts of Sexual Orientation*, New York, Oxford University Press, 1990.

며, 그리고 가사나 친구들과의 수다 속에서 위안을 찾는다는 사실이 무얼 의미하는지를 그들로 하여금 발견하게끔 하는 이 남자들을 우리는 증인으로 들 수 있을 것이다."[39]

---

39) Cf. J. Franco, 〈Gender, Death, and Resistance, Facing the Ethical Vaccun〉, in J. E. Corradi, P. Weiss Fagen, M. A. Garreton, *Fear at the Edge, State Terror and Resistance in Latin America*, Berkeley, University of California Press, 1992.

지배의 신체화

신체, 특히 성기관에 대한 사회적 정의가 구축이라는 사회적인 노동의 산물이라는 생각이 모든 인류학적인 전통에 의해 옹호됨으로써 아주 보편적이 된다 하더라도, 필자가 여기에서 분석하고자 하는 원인과 결과의 관계의 역전 메커니즘, 즉 이를 통해 사회적 구축이 정착되는 메커니즘은 완전히 기술되지 않았다고 생각한다. 남성 중심의 관점의 실제적 표상에 따라 지각되고 구축되어서, 이 관점의 원칙들과 일치를 이루는 의미와 가치들의 논쟁의 여지없는 완벽한 담보가 되는 것이 바로 여성의 신체와 남성의 신체 간의 눈에 보이는 상이점들이라는 것은 사실 역설적이다. 즉 이러한 세계관의 근거가 남근이 아니라, 남성적이거나 여성적인 **상대적 젠더들**(genres relationnels)로의 구분에 의해 조직되어 남성성 또는 체통(nif)의 상징으로 구성된 남근과, 계급화된 사회적 본질처럼 구축된 성들간의 차이에 대한 객관적인 근거로서의 생물학적 신체들간의 차이라고 설정할 수 있다. 생물학적 재생산의 필요성이 노동의 성 구분과 모든 자연적이고 사회적인 질서의 상징적 조직화를 점차로 결정하는 것과는 달리 생물학적인 것, 특히 생물학적 재생산에 있어서 남성이든 여성이든 그 신체의 용도와 기능에 대한 자의적 구성이야말로 성에 따른 노동의 구분과 노동에 따른 성의 구분, 그리고 그것을 통한 전우주의 남성 중심적 관점에 자연스러운 외형으로서의 근거를 제공한다. 남성적 사회적 공언의 독특한 힘이란 그것이 두 가지 작용을 합치고 응축하는 데에서 온다. 다시 말해 **이 힘은 그 자체로 이입된 사회적 구축물인 생물학적 성격 속에 지배 관계를 각인함으로써 이 관계를 합법화한다.**

상징적 구축화의 작업이란, 신체(아무것도 아닌 것이 아닌)의 재현들에 의해 시작되도록 **재현들**(représentations)을 조정하고 구조화하는 명칭인 엄격히 **수행적인**(performative) 작용으로 귀착되지 않는다. 그 구축화는 신체들의(그리고 두뇌들의) 심오하고 영속적인 변형 안에서 이루어지고 완성된다. 다시 말해 신체의 합법적인, 특히 성적인 용도에 대한 **차별화된 정의**(définition différenciée)를 강요하는 실제적 구축의 작업 속에서, 그리고 그 작업에 의해서 완성되는 것이다. 이 정의에 따르자면 남성적 남자 혹은 여성적 여자라는 사회적 가공물을 생산할 목적으로 다른 성에 소속되는 것과――특히 프로이트에 따른다면 아주 어린아이인 '다형의 패륜아' 속에 생물학적으로 등재되어 있는 모든 남성성들을――표지하는 모든 것을 구상 가능하고 행동 가능한 세계로부터 배제하려는 경향이 있다. 두 부류를 객관적으로 제도화하는 임의적인 **구역**(nomos)은, **지배의 사회적 관계 구현**〔정신적 현상을 신체적인 것으로 바꾸기〕이라는 이름으로서만 자연의 법칙('자연에 거역하는' 섹슈얼리티, 혹은 오늘날까지도 그러한 결혼에 대해서 이구동성으로 말하는)의 외형을 덧입고 있다. 다시 말해 문화적 자의성이 설정하는 변별적인 정체성이 지배적 구분 원칙에 의해 확실하게 구분되어지고, 또한 이 원칙에 따라 세상을 감지할 수 있는 아비투스들 속에 구현되는 것이야말로 광범위하고 지속적인 사회화라는 탁월한 집단적 작업의 대가와 개념에 의해서이다.

　　단지 **상대적**일 뿐인 두 젠더는 특징으로 구축된 이론적이고 실천적인 산물이며, 각각의 젠더를 대립된 젠더(문화적으로 지속적인 모든 관점들에 있어서)의 **사회적으로 차별화된 신체**, 다시 말해 남성적 즉 반여성적 아비투스, 혹은 여성적 즉 반남성적 아비투스로 생산하기 위하여 필요한 것이다. 극단적으로 보자면 신체의 이러한 사회적 구축을 행하는 **형성**(Bildung)의 행위란, 아주 유별나게 명시적이고 신속한 교육적 행위의 형태를 지닐 뿐이다. 이 행위는 자율적인 성과이며, 대부분 남성 중심의 구분 원칙에 따라서 전적으로 조직된 육체적이고 사회적인 질서를 갖춘 행동자를 갖지 않는다. (이 사실은 그 행위가 행하는 영향력의 지대한 힘을 설명해 준다.) 사물들 속에 등재되어 있는 남성 질서는, 노동의 구분이라든지 집단적인 혹은 사적인 제식의 관례(예를 들자면 남성 중심의 장소에서 여자들을 배제하는 식으로 그녀들에게 강요된 회피적 자세를 생각해 볼 수 있다) 속에 내포된 암시적인 명령을 통해 신체 속에도 등재되어 있다. 육체적 질서와 사회적 질서의 규칙성은 분배를 강요하고 주입시키는데, 이러한 예는 가장 귀한 일(예를 들어서 쟁기를 다루는 것)에서부터 여자들을 제외시키며, 낮은 자리를(길이나 경사진 곳에) 내주고, 몸가짐을 어떻게 해야 하는지를 가르쳐 주고(예를 들어 존경해야 할 남자들 앞에서 허리를 구부리고 두 팔을 가슴 위에 모아야 한다는 둥), 고통스럽고 천박하며 보잘것없는 일들(거름을 운반하고, 올리브 수확 때 남자들이 장대를 휘두르는 동안 아이들과 함께 줍는 일)을 부여하며, 더 보편적으로 말해서 근본적으로 미리 전제된 사회적 차이에 근거를 둔 생물학적 차이를 이용하는 것에서 찾아볼 수 있다.

무언중에 질서를 유지하도록 상기시키는 맥락 속에서 제

도화된 의식(儀式)들은, 장엄하고 범상치 않은 특성으로 인해 별도의 자리를 차지하고 있다. 즉 그 의식들은 집결된 모든 집단성의 이름으로, 그리고 통로의 제식 개념으로 우리로 하여금 그렇게 믿도록 하듯이, **변별적인 표적**(marque distinctive)을 이미 수용한 자들과 너무 어려서 아직 수용하지 못한 자들 사이뿐만 아니라, 특히 그 표적을 수용할 수 있는 사회적으로 자격을 갖춘 자들과 영원히 제외된 자들, 즉 여자들 사이에서도 신성시되는 분리를 확고히 하는 것을 목표로 한다.[40] 남성성의 제도화된 의식인 할례의 경우처럼, 남성들에게는 남성성을 행사하도록 상징적으로 준비시키면서, 여성들에게는 그 자신이 성인

---

40) 제도의 제식이 남성의 신체에 남성성의 제도를 심어 주는 데에는 어린 아이들의 놀이도 한몫을 한다. 특히 다소간 명백한 성적인 내포를 가진 놀이들(가능한 한 멀리 오줌을 누려는 내기라든지, 어린 목동들간의 동성애놀이)과 겉으로 보기에는 별 의미 없어 보이지만 흔히 언어 속에 등재되어 있는 도덕의 내포로 가득 찬 놀이들을 거기에 더해야 할 것이다. (예를 들어 pichep-rim, 오줌-메뉴는 베른어로 탐욕스럽고 인정 없음을 뜻한다.) **제도의 제식**이라는 개념을(동시에 시행된다는 것과——결혼의 제도——시행하는 행위——상속인의 제도——를 지닌 말) 통과 제식, 그 직접적인 성공을 그것이 단지 현학적 태도의 개념으로 바꾸어진 공동의 감각에 대한 선천적 관념에 지나지 않는다는 사실에 돌려야 하는 통과 제식에 대체시키도록 한 이유에 대해서는 P. 부르디외, 〈제도의 제식 Les rites d'institution〉(in《말하는 것이 말하고자 하는 것 Ce que parler veut dire》, Paris, Fayard, 1982, p.121-134)을 참조.

식을 치를 처지에 있지도 않고, 남성성을 확인하는 제식적 기회와 근거를 박탈당한 존재처럼 느낄 수밖에 없도록 만듦으로써 분리의 의식을 확고히 하는 것이다.

그리하여 신화적 담론이 결정적으로 충분히 있는 그대로 가르치는 것을, 제도화된 의식들은 보다 계산적이고 확실히 상징적으로 효과적인 방식으로 완성시킨다. 제도화된 의식들은 일련의 **차별화**(différenciation) 속에 등재되는데, 차별화는 남자 혹은 여자라는 각 행동자에게 그 성적인 **구별짓기**(distinction)의 사회적 정의에 가장 직접적으로 부합하는 외적인 표시를 강조하거나, 특히 이성(異性)과의 관계에 있어서 각 성에 고유하지 않은 행동들을 금지하거나 금지 사항을 어기려는 행동자의 기를 꺾음으로써 자신의 성에 알맞은 실제 활동을 고무하고자 한다. 예를 들어 '분리'의 제식들의 경우가 그러한데, 그 제식들은 어머니와의 관계에서 소년을 해방시키고, 외부 세상과 맞서도록 자극하고 준비시키는, 점차적인 남성화를 확고히 하는 기능을 갖는다. 인류학적인 조사가 밝혀낸 것은, 몇몇 정신분석학적 전통에 따라[41] 소년들은 어머니와의 타고난 유사(類似) 공생으

---

41) Cf. 특히 N. J. Chodorow, *The Reproduction of Mothering: Psychoanalysis and the Sociology of Gender*, Berkeley, University of California Press, 1978.

로부터 벗어나기 위하여 여러 단계의 과정을 거친다는 점이다. 고유한 성의 정체성을 확인하기 위하여 완성시켜야 할 심리적 작업은 남성화를 향해 조정된 모든 제도화된 성적 제식들 속에서, 더 넓게 보아서 일상적으로 차별화되고 차별화시키는 모든 실제 활동들(스포츠와 남성적 놀이, 사냥 등) 속에서, 어머니의 세계와 단절하도록 부추기는 집단에 의하여 명백하고도 명시적으로 조직되며, 딸들은 (불행하게도 '과부의 아들들'이 그러하듯) 그 단절에서 면제됨으로써 어머니와의 지속성 안에 살도록 허용되는 것이다.[42]

남성적인 것의 여성적 부분을 부인하려는 객관적 '의도'(멜라니 클라인(Melanie Klein)이 정신 분석을 통하여 제식이 실현하는 것과 상반되는 작전으로 찾으려 했던 것과 마찬가지의 의도 자체), 즉 어머니와 땅과 습함과 밤과 자연에의 속박과 애착을 없애려는 의도는, 예를 들어 소년들의 머리카락을 처음 자를 때처럼 'en-nayer로의 분리(el âazla gennayer)'라는 순간에 완성되는 제식 안

42) 카빌에서 때때로 '남자들의 아들'이라 불리는, 즉 여러 명의 남자들에 의해 교육된 소년들에 비해서 '과부의 아들들'인 소년들은 여자가 되지 않도록 하는 데 필요한 모든 순간들의 일을 하지 않으며, 또한 어머니로부터 여성화시키는 행동을 당하고 있을 것이라는 의심을 받는다.

에서, 남성 세계로 들어서는 통로를 표시하고 할례로 왕관을 씌우게 될 모든 예식들 안에서 선명하게 드러난다. 어머니로부터 아들을 분리시키려는 행위들을 열거하려면 끝이 없을 것이다 ──분리의 행위에는 흔히 불에 의해 만들어진 물건들과 **절단**(그리고 남성적 섹슈얼리티)을 상징하는 데 고유한 물건들, 즉 칼·단도·보습 등을 사용한다. 출생 후에 아들은 어머니의 오른쪽(남성적인 측면)에 놓여지고, 어머니 역시 오른쪽을 향해 누우며, 그들 모자 사이에는 양털 솔빗·큰칼·보습·아궁이의 돌 같은 전형적으로 남성적인 물건들을 놓는다. 이와 마찬가지로 머리카락을 처음 자르는 것의 중요성은, 머리카락은 여성적인 것으로 어머니의 세계에 아들을 결속시키는 상징적 연관들 중의 하나라는 사실과 연결된다. 첫 이발을 시행하는 것은 바로 아버지의 의무인데, 남성적 도구인 면도칼로 'ennayer로의 분리'의 날이나 시장으로의 첫나들이 날 직전에, 즉 여섯 살에서 열 살 사이의 나이에 시행된다. 그리고 남성화(혹은 탈여성화)는 남자들의 세상 속으로의 입문, 즉 체통과 상징적인 투쟁의 기회를 따르는데 시장으로의 첫번째 나들이가 바로 그것이다. 사내아이는 새옷을 입고 비단 띠로 머리를 치장하고 단검과 자물통 그리고 거울을 받는데, 어머니는 겉옷에 달린 모자 안에 날계란 하나를 넣어 준다. 시장의 입구에서 사내아이는 처녀성을 깨는 남성적 행위로 계란을 깨고 자물통을 열고 나서, 문턱처럼 하나의 전환의 작용 요소인 거울을 통하여 자신을 쳐다본다. 아버지는 전적으로 남성 세계인 시장 안으로 아이를 데리고 가서 다른 남자들에게 소개시킨다. 시장에서 돌아올 때 그들 부자는 **체통**(코)과 연결된 남근의 상징인 소머리 하나——그 뿔로——를 산다.

신체를 정신화하는 것은, 소년들에게 적용될 때에는 남아 있는 모든 여성적인 것을 제거시킴으로써——'과부의 아들들'에게 있어서처럼——그들을 남성화시키는 데 목적을 두며, 소녀들에게 적용될 때에는 더욱 근원적인 형태를 취하게 된다. 즉 여자는 오로지 결점으로서만 정의되어 부정적인 실체로 구성되고, 그녀의 덕성도 마치 부정되거나 극복되어진 악덕 혹은 사소한 악처럼 이중적인 부정 속에서만 인정될 뿐이다. 모든 사회화는 그 결과 **신성한 것**(h'aram)으로 정의된 신체에 관한 모든 한계를, 그리고 몸가짐에 요구되는 모든 한계를 신체에 부과하려는 경향이 있다. 그런 식으로 카빌족의 젊은 여자는 신체와 정신을 구별하지 않고 처신을 잘하며 여성스럽게 사는 기교의 기본적 원칙들을 받아들이는데, 어린 소녀, 혼기를 맞은 처녀, 아내, 한 가정의 어머니라는 연속적인 다른 상태에 걸맞는 의복들을 갈아입는 것을 배우면서, 또한 즉각적 복종과 무의식적인 모방을 통해서 허리띠나 머리카락을 묶는다거나 걸을 때 신체의 어떤 부분을 흔들거나 혹은 움직이지 않아야 한다거나 얼굴을 내놓았을 때 시선을 두는 올바른 방법을 은연중에 터득한다.

이러한 습득은 그것이 무언적 본질로 남아 있는 만큼 훨씬 효과적이다. 다시 말해서 여성적인 도덕은, 특히 신체의 모든 부분에 관련되고 의복과 머리카락의 구속을 통해서 끊임없이 상기되고 시행되며 강요된다. 남성의 정체성과 여성의 정체성 간의 서로 다른 원칙들은 신체와 정신을 관장하는 영구적인 형태에 등재됨으로써 어떤 윤리의 실현, 혹은 순응 같기도 하다. 남성적 명예의 윤리는 정면을 향하다, **얼굴을 들여다보다**(qabel)라는 한마디 말 속에, 또한 그 말이 지정하는 곧음을 입증해 주는 반듯한 자세(군대의 차렷자세 같은) 속에 요약되어 드러난다.[43] 마찬가지로 여성의 순종은 구부리고 유연하며 상대적으로 고분고분한 자세가 여자에게 합당하다고 여겨지기 때문에 기울이고 낮추며 구부리고 아래에 위치하는(위를 차지함과 반대로) 사실 안에

---

43) 그 자체 세상의 모든 시각과 공간에 있어 가장 근본적인 방향과 연결되어 있는 qabel이란 말에 대해서는 cf. P. 부르디외, 《실천 감각》, *op. cit.*, p.151.

서 자연적인 해석을 발견하는 듯이 보인다. 기본적인 교육은 신체를 그 전체라는 조화 속에서, 오른손은 남성적이고 왼손은 여성적이라고 간주하는 것처럼 그 일부분을 다루는 방식을 주입시키려는 경향이 있다. 걷는 방식이나 머리 또는 시선을 두는 법, 눈을 마주 들여다보거나 자신의 발을 내려다보는 것 등이 그러하며, 이러한 태도들은 윤리학과 정치학과 우주론으로 가득 차 있다. (미학을 거론하지 않고라도 모든 우리의 윤리는 높고 낮음, 곧고 휨, 단단하고 부드러움, 열리고 닫힘 등 기본 형용사들의 체계 속에 있는데, 대부분이 신체와 신체 일부의 위치 또는 자세를 가리킨다. 예를 들면 이마를 치켜든다든지 머리를 숙인다든지 하는 것이다.)

카빌 여자들에게 강요된 순종하는 몸짓은, 오늘날까지도 유럽에서와 마찬가지로 미국에서도 여자들에게 강요되고 있는데, 많은 관찰자들이 밝혔듯이 미소짓는 것, 눈을 내리뜨는 것, 자신의 말이 끊겨도 개의치 않는 것 등이 그 대표적인 예이다. 낸시 헨리(Nancy M. Henley)는 어떻게 여자들에게 공간을 차지하고, 걷고, 적절한 자세를 취해야 하는가를 가르치는지 보여준다. 프리가 하우크(Frigga Haug) 역시 몸의 다른 부분들에 연관된 감정들을, 반듯하게 펴고 있어야 하는 등과 집어넣어야 하는 배, 벌려서는 안 되는 다리 등 도덕적 의미로 가득한 자세들(다리를 벌리고 있는 것은 천하며, 배가 나온 것은 의지가 부족함을 나타낸다는 등)과 연관된 감정들을 다시 떠올리게 하려 애썼다. (집단적으로 논의되어지고 해석되어지는 유년기의 이야기 등을 상기시킬 목적인 **회상작업**이라고 불리어지는 방법으로)[44] 마치 여성성이 '스스로를 작게 하는' 기교로 가늠되는 것처럼(베르베르 언어에서는 여성적인 것은 축소사 형태로 표시된다), 여자들은 신체의 동작이나 이동에 할당된 범위를 제한하는(남자들은 특히 공공연한 공간에서 더 큰 자리를 차지하는 반면에) 일종의 **보이지 않는 폐쇄 공간**(베일이 가시적 표출일 뿐인) 안에 갇혀 지낸다. 이러한 유형의 상징적 속박은 의복에 의해 실제로 확인되는데(예전에는 더욱 가시적이었다), 의복은 몸을 가리는 것과 마찬가지로 몸으로 하여금 끊임없이 질서를 따르게 하는 효과를 가지지만(치마는 사제복과 똑같은 기능을 한다), 그것에 대해서는 아무것도 분명하게 규정하거나 금지할 필요가 없는 것이다. ("내 어머니가 나에게 다리를 벌리고 있지 말라고 한 적은 결코 없었다.") 그러한 제한이란

---

44) F. Haug, *Female Sexualization. A Collective Work of Memory,* Londres, Verso, 1987. 작자들이 그것을 의식하지 않아 보인다 해도 신체의 순종에 있어서의 견습은 여성들의 공모에 의하고, 그녀들에게 지워진 속박에도 불구하고 사회적으로 강하게 표시되어 있으며, 여성성의 신체화는 **구별짓기의 신체화**, 말하자면 너무 헐렁하게 가슴을 노출시킨 것과 너무 짧은 치마와 너무 진한 화장에 연관된 상스러움에 대한 경멸과 분리될 수 없다.

높은 구두굽이나 손을 끊임없이 귀찮게 하는 핸드백, 모든 종류의 활동(달리기, 여러 방식으로 앉기 등)을 금지하거나 피하게끔 하는 치마처럼 움직임을 다양한 방법으로 억제한다. 너무 짧은 치마를 끊임없이 잡아당기고, 너무 벌어진 가슴 옷깃을 팔로 가리려 하고, 다리를 꼭 붙인 채 물건을 집으려고 곡예사처럼 움직이는 젊은 처녀들의 경우처럼 끊임없이 주의를 기울여야만 하는 것이다. [45] 몸을 다루는 이러한 방법들은 지속적으로 강요되는데, 적합한 정신적 자세와 절도에 매우 긴밀히 연결되어 있어서 의복에 의해 강요되어지지 않을 때조차도 그녀들의 의사와 상관없이 계속해서 강요된다. (바지를 입고 굽이 낮은 신발을 신은 여자들조차도 종종걸음으로 걷듯이.) 그리고 권력 혹은 보장의 증거인 양——직위가 높은——남자들에게 때때로 허용되는 의자 위에서 몸을 흔들거나 책상 위에 발을 올려 놓는 것 같은 해이한 자세나 몸가짐은, 여자에게 있어서는 감히 생각할 수도 없는 것들이다. [46]

---

45) Cf. N. M. Henley, *op. cit.*, p.38, 89-91, 그리고 p.142-144, 여성에 적합한 '자세의 불합리성'이 보여주는 〈Exercises of Men〉이라는 제목의 만화 재판.
46) 여성성에 대해 보통 배우는 것 중에 암묵적 상태로 머물러 있는 모든 것은 '주부학교'와 거기서 배우는 몸가짐과 사는 법에 대한 강의를 통해 잘 설명되어진다. 즉 Yvette Delsaut가 관찰한 것처럼 걷고 서 있고(손은 등뒤로

오늘날 많은 여성들이 몸가짐에 대한 전통적 규범과 형태를 깨뜨렸다고 주장하면서 신체의 절제된 과시에서 '해방'의 암시를 찾으려는 사람들에게는, 여성의 고유한 신체의 사용이 아직도 남성적 관점에 아주 명백하게 종속되어 있음을 지적해 줄 필요가 있으리라. (프랑스에 페미니즘이 도래된 지 반세기가 지난 오늘날까지도 광고가 여성을 어떻게 이용하는지에서 잘 볼 수 있듯이.) 즉 동시에 주어지고 거부되는 여성의 신체는 많은 여성학 연구가 지적하고 있듯이 여성에게 알맞은 상징적 여분을 표출하고 있다. 이러한 표출은 여성이 의지하고 있는 남자들을 명예롭게 하는 매력과 유혹의 힘과 '과시적 소비' 효과에 독점적 값을 더하는 선별적 거부의 의무를 결합한 것이라는 사실은 남녀 모두가 인정하고 있는 바이다.

사회적 질서를 구성하는 성별 구분들은, 좀더 정확히 말해 성별간의 제도화된 지배와 착취라는 사회적 연관성들은 서로

발은 평행하게) 웃고, 계단을 오르거나 내려오고(발을 쳐다보지 않고), 식탁에 앉고("안주인은 사람들이 알아차리지 못하게 모든 일이 잘 되어지도록 해야 한다"), 남자들을 대하고("친절하게 보이고" "공손히 대답하고"), 옷을 입거나(너무 강하게 튀거나 공격적인 색은 피하고) 화장하는 방식에 있어서 '단정하게' 보이는 것을 배우는 것이다.

다른 아비투스의 두 부류 안에 서서히 등재되는데, 대립적이고 상호 보충적인 신체적 **적성**(hexis)과 남성적인 것과 여성적인 것 간의 대립으로 축소할 수 있는 구별짓기에 따라 세상의 모든 사물과 모든 실천들을 분류하는 관점과 구분 원칙하에 이루어진다. 살인이나 전쟁을 언급하지 않더라도 소를 도살하기, 경작하기나 수확하기처럼 생명의 일상적 흐름에 단절을 의미하는 빠르고 험난하며 극적인 행위들을 완수하는 것은 바깥의, 공적이고, 공공연한, 곧바르고, 건조하고, 높고, 불연속적인 측면에 속한 남성들의 몫이다. 반면에 안의, 습하고, 낮고, 휘어지고, 연속적인 것의 측면에 속한 여성들은 아이들이나 짐승을 돌보는 일처럼 사사롭고 감추어져 있어서 눈에 띄지 않거나 수치스러운 모든 가사 노동과, 신화적 이유로 해서 여성들에게 주어진 외부 노동들, 즉 물·풀·들(잡초 제거와 정원 가꾸기처럼)·우유·나무를 다루는 외부 노동과 특히 가장 더러운 것, 가장 단조로운 것, 가장 보잘것없는 것들을 맡게 된다. 격리되고 제한된 세상·동네·집·언어·도구가 무언중의 경고들을 감추고 있다는 사실로부터 여성들은 신화적 이유에 따라 **그녀들이어야 하는 것**이 될 수밖에 없는데, 그녀들이 낮고 뒤틀리고 작고 추하고 덧없는 것 등에 당연히 바쳐져 있다는 것을 그녀들 자신의 눈으로 먼저 확인한다. 그녀들은 사회적으로 부여된 과소평가된 정체성에 매순간 헌신해야 하는 위치에 있다. 즉 남자들이 장대나 도끼로 무장하고 떨어뜨린 올리브 열매나 잔가지들을 땅바닥에서 줍는 지리하고 보잘것없고 사소한 임무가 그녀들에게 주어진다. 그녀들은 가정 경제의 일상적 경영의 세속적인 일들에 매여 있으면서 명예로운 남자는 무시해야 하는 계산·교환·이해타산의 인색함을 즐기는 듯 보인다. 나의 어린 시절에 이웃이자 친지인 남자들은 언제나 조금 뽐내며 폭력적인 힘을 순간적으로 드러내 보이면서 돼지를 죽이고 난 후——도망치는 짐승의 울부짖음, 큰 칼들, 솟구치는 피 등——오후 내내, 때로는 그 다음날까지 무거운 가마솥을 들어올리기 위해 잠시 중단했을 뿐 내내 카드를 내리치고 있는 데 반해, 집안의 여자들은 순대와 소시지, 작은 소시지, 그리고 파테[고기나 생선을 다져서 익힌 것]를 준비하기 위해 사방으로 분주히 움직이던 기억이 난다. 남자들은 (그리고 여자들 자신도) 도덕이 여자들에게 강요하는 미덕과 마찬가지로 지배적인 관점이 계략이나, 혹은 좀더 바람직한 특징을 들자면, 직관력같이 그들의 **본성**(nature)에 책임을 전가하는 모든 부정적 특성들을 그녀들에게 강요하고 주입하는 것이 지배 관계의 논리라는 사실을 모를 수도 있다.

피지배자들이 가진 독특한 투시력으로 흔히 '여성적 직관' 이라 부르는 것은, 우리의 세계에서조차 욕구들을 부추기거나 불쾌함을 예감하기에 필요한 조심과 친절, 감시와 경계로 격려하고 제어하는 객관적이고 주관적인 순종과 떼어 놓을 수 없다. 많은 연구들이 피지배자들, 특히 여자들(주디스 롤린스(Judith Rollins)의 《여자들 사이 *Between Women*》에서의 흑인 가정부들처럼 이중삼중으로 지배받는 여자들)의 특별한 통찰력을 밝혀내었다. 비구술적 지시들(특히 음성의 높낮이)에 남자들보다 예민하기 때문에 여자들은 비구술적으로 제시된 감정을 더 잘 가려내고, 대화의 함축된 내용을 더 잘 이해한다.[47] 두 명의 네덜란드인 연구자들이 실시한 설문조사에 의하면, 남자들이 그들의 아내를 단지 '보편적 여자들'에 해당하는 대단히 일반적인 스테레오 타입[전형적 특성들]을 통해서만 묘사할 수 있는 데 비해, 여자들은 남편에 대하여 많은 사항을 조목조목 말할 수 있다고 한다.[48] 위에 언급한 저자들의 연구 결과는 비록 이성애자로 키워지긴 했지

---

47) Cf. W. N. Thompson, *Quantitative Research in Public Address and Communication*, New York, Random House, 1967, p.47-48.
48) Cf. A. Van Stolk와 C. Wouters, 〈Power Changes and Self-Respect: a Comparison of Two Cases of Established-Outsiders Relations〉, *Theory, Culture and Society*, 4(2-3), 1987, p.477-488.

만, 지배하고자 하는 관점을 내면에 지니고 있는 동성애자들은 자신에 대해서는 이 관점(이것은 그들이 특별한 통찰력를 갖게 하는 데에 적합한 일종의 인지적이고 평가적인 부조화를 갖게 한다)을 취할 수 있다는 사실과, 지배자들이 그들의 관점을 이해하는 것보다 그들이 지배자의 관점을 더 잘 이해한다는 사실을 시사한다.

상징적으로 체념과 신중함에 길들여진 여자들은 강자에 대항해서 자신의 힘을 과시하는 방법으로 뒤로 물러서거나, 그녀들이 대리로(막후의 실력자로서) 휘두를 수 있는 강자의 권력을 거부하는 방법을 택함으로써 약간의 힘을 행사할 수 있을 뿐이다. 그러나 중국 농민들의 저항에 대해 뤼시앵 비앙코가 말한 것처럼 "약자의 무기들이란 언제나 약한 무기들이다."[49] 남자들을 상대로 여자들이 사용하는 상징적 전략들까지도 흔히 마술의 전략이 그러하듯이 피지배 요소로 남아 있는데, 그 이유는 그녀들이 활용하는 상징들과 신화적 작용 요소들의 도구, 또는 추구하는 목적(남자가 사랑이나 증오를 받을 때 보이는 무

---

49) L. Bianco, 〈농민 저항 Résistance paysanne〉, *Actuel Marx*, 22, 2˚ semestre, 1997, p.138-152.

력함처럼)은 그녀들을 피지배자로 만드는 남성 중심적 관점 안에서 원칙들을 발견하기 때문이다. 지배의 연관성을 실제로 전복하기에는 충분치 않지만, 그 전략들은 적어도 불길한 존재들로서의 여자들의 지배적인 재현을 확인시켜 주는 효과를 갖는데, 여자들의 부정적인 정체성이란 본질적으로 그처럼 많은 위반의 경우를 만들어 낼 만큼 잘 만들어져 있는 금지된 것들로 이루어져 있다. 즉 특히 남자들이 행하는 육체적이거나 상징적인 폭력에 여자들이 대응하는 방법은 부드럽고 때로는 거의 눈에 띄지 않는 폭력의 형태인데 마술과 술책, 거짓말, 수동성(특히 성행위에서)으로부터 지중해 지방의 어머니나 모성적 아내에게서 볼 수 있는 편집증에 이르기까지 다양하게 나타난다. 이 소유적 사랑으로 말하자면, 스스로를 희생시키고 대가도 없이 헌신하고 갚을 수 없는 빚으로 희생과 무언의 고통을 무한히 제공하면서 자학하고 죄의식을 갖는 그런 사랑이다. 그러므로 여자들은 무엇을 하든지간에 그녀들의 영악함에 대한 증거를 끌어 와서, 자신들에게 불길한 본질을 부여하는 금지 사항들과 편견을 정당화하게끔 되어 있다. 지배가 창출하는 사회적 현실이 그 지배가 행해지고 정당화되기 위해서 주장하는 재현들을 종종 확인하기를 요구하는 비극적인 논리에 따라서 말이다.

남성 중심적 관점은 그것이 한정하는 실천 자체에 의해서 합법화되어 왔다. 다시 말해 실천의 행적들은 사물의 질서 안에 제도화된 여성적인 것에 대한 **비호의적인 편견**의 합일이므로, 여자들은 이러한 편견을 끊임없이 인정할 수밖에 없다. 이러한 논리는 저주의 논리인데, 넓은 의미로 말하자면 자체의 진리 검증을 요구하는, 그리고 그것이 예측하는 것을 발생케 하는 회의주의적 **자기 충족적 예언**의 논리이다. 그 논리는 매일같이 두 성 사이의 수많은 교환 안에서 발생하고 있다. 즉 남자들은 보잘것없는 일과 뻔하고 시시한 거래들(값을 묻고, 청구서를 확인하며, 값을 깎는 등)을 여자들에게 넘겨 버리고, 요컨대 남자들의 권위를 지키는 것과 그다지 병행되지 않는 모든 행동들에서 벗어나려고 하면서 여자들이 '생각이 편협하다' 혹은 '형편없이 옹졸하다'고 비난하고, 어쩌다 성공한다 해도 결코 신뢰해 주지도 않으면서 책임이 주어진 일에 실패하기라도 하면 그녀들을 나무라기까지 한다.[50]

---

50) 부동산 생산 경제에 대한 연구 차원에서 우리가 해낸 면담과 관찰은, 이러한 논리가 오늘날까지도 아직 우리 가까이에서 행해지고 있음을 무수히 밝혀 준다. (cf. P. 부르디외, 〈구속하의 계약 Un contrat sous contrainte〉, *Actes de la recherche en sciences sociales*, 81-82. Mars 1990, p.34-51.) 만약 남자들이 경제에 있어서 대수롭지 않은 염려에 대해 이전과 마찬가지의 경멸을 더이상 보이지

상징적 폭력

남성 지배는 그러므로 왕성한 활동의 모든 조건들을 그렇게 합쳐 놓은 것이다. 남자들에게 보편적으로 인식되어 있는 우월성은, 남자에게 최상의 몫을 할당하는 생물학적이고 사회적인 생산과 재생산의 작업에 있어서의 객관성 안에서, 또한 모든 아비투스에 내재된 표상들 안에서 확인된다. 다시 말해 유사한 조건들에 의해 만들어진, 객관적으로 일치된 이런 표상들은 보편적으로 분배되어 있기 때문에 각 행동자들에게 선험적으로 강요되어진 역사적 초월자들, 즉 사회의 모든 구성원의 지각과 사고와 행동의 모태로서 기능한다. 그 결과 생물학적 재생산과 사회적 재생산의 남성 중심의 재현은, 실천의 의미에 대하여 실

않는다 해도, 그들이 특히 권한을 가진 위치에 있을 때, 흔히 여자들에게 주어진 관리의 평범한 문제에 관해서 무관심을 표하면서 자신들의 신분상의 높이를 확인하는 것이 드문 일은 아니다.

천적이고 일치된 공론처럼 이해되는 상식의 객관성에 맡겨져 있다. 그리고 여자들 스스로 모든 현실, 특히 그녀들이 사로잡혀 있는 권력의 관계에 이러한 권력 관계의 합일의 산물이자 상징적 질서의 기본적 대립 안에 표현되는 사고의 표상을 적용한다. 인식에 대한 그들의 행위란 실제적 인정, 이러한 견해에 대한 동의의 행위인데, 그것은 스스로를 있는 그대로 생각하거나 확인이 필요없다는 믿음이며, 그 믿음에 영향을 미치는 상징적 폭력을 '만드는' 믿음이다.[51]

   필자는 모든 오해를 단번에 제거할 수 있다는 환상을 가지고 있지는 않지만 가장 심각한 왜곡에 대해서는 경계하고자 한다. 왜곡은 상징적 폭력에 대하여 공통된 개념을 가지고 있으며 '상징적'이라는 형용사의 다소 축소된 해석을 원칙적으로 가지고 있는데, 여기서 상징적이라는 것은 내가 철저하게 믿고 있고 또 이미 예전에 한 논문에서 그 이론적 토대를 발표한 바 있는 의미로 사용된다.[52] 가장 공통적인 의미 중의 하나로서 '상징적

---

51) 상징적으로 지배적인 위치(남자·귀족·대장)를 지칭하는 언어 혹은 비언어의 징후들은, 그 '코드'를 배운 사람들에 의해서만 이해될 수 있을 것이다. (읽는 것을 배워야 하는 군복의 계급 줄처럼.)
52) Cf. P. 부르디외, 〈상징적 권력에 대하여 Sur le pouvoir symbolique〉, *An-*

인' 것을 택하면서 상징적 폭력을 강조한다는 것은 물리적 폭력의 역할을 축소시키고, 매맞고 유린되고 착취당하는 여자들이 있다는 것을 잊거나(잊게 하거나) 또는 더 나쁘게도 때로는 이런 폭력의 형태로부터 남자들에게 면죄부를 주고자 한다는 사실을 가정한다. 하지만 사실상 전혀 그렇지가 않다. 현실적이고 결과적인 것과는 반대로 '상징적'이라는 것을 이해하면서 우리는 상징적 폭력이 순수하게 '정신적인' 요컨대 실제적 효력이 없는 폭력일 것이라고 가정한다. 수년 전부터 필자가 구축하려고 하고 있는 상징적 자산의 경제에 대한 유물론적 이론은, 지배 관계의 주관적 경험의 객관성을 이론에 포함시킴으로써 초기 유물론의 고유한 특성인 단순한 물질주의에 적합한 순수한 구별짓기를 파괴하는 데 목표를 두고 있다. 또 다른 오해는 필자가 여기에서 그 우발적 기능들을 보여주고자 했던 민속학에 관한 것이다. 그것은 과학적 이면에서 '영원한 여성성'(혹은 남성성)의 신화를 재건하거나, 혹은 더 심각하게 남성 지배를 불변적이고 영원한 것처럼 묘사하면서 그 구조를 항구화시키려는 수단이라고 의심받고 있다. 그러나 필자는 지배 구조가 역사와 무관하지 않다는 것, 그 구조들은 단일 행동자(물리적 폭력과 상징적 폭력을 무

nales, 3, mai-juin 1977, p.405-411.

기로 지닌 남자들)와 가족·교회·학교·국가 등의 제도가 **재생산에 기여하고 있는 끊임없는(그래서 역사적인) 노동의 산물**임을 밝히는 데 노력을 기울일 것이다.

피지배자들은 지배자의 관점으로 구축된 범주들을 자연적인 것처럼 드러나게 하면서 지배 관계에 적용한다. 일종의 자기 경시, 즉 체계적이고 가시적인 자기 비방으로 이끌릴 수 있는 것이 무엇인지를 카빌의 여자들이 자신들의 성을 마치 결함이 있고, 추하며, 혐오스러운 것으로 보는 재현 속에서(또는 우리 주변의 많은 여자들이 자신의 신체를 유행이 요구하는 미적 규범에 일치하지 않는다고 여기는 관점 속에서), 좀더 일반적으로는 여자의 평가절하된 이미지에 대한 동의 속에서 찾아볼 수 있다. [53) 상징적 폭력은 피지배자가 지배자에게(따라서 지배에) 동의한다는 사실을 매개로 제도화되는데, 피지배자가 그렇게 생각하고 사고하며 더 나은 지배자와의 관계를 생각하기 위해서 지배자와 공유하고 있고, 지배 관계의 합체된 형태로서만 이러한 관계를 자연적인 것으로 보이게 하는 지식의 도구들을 사용할 때에만 그

---

53) 1996년 프랑스에서 행한 면담 중에 다수의 경우 여자들이 그녀들의 신체를 인정하는 데 어려움을 표했다.

러하다. 아니면 피지배자가 자기 자신을 돌아보거나 자기를 평가하거나, 지배자들을 인지하고 평가하기 위해서 사용하는 표상들(높고 낮음, 남성적인 것과 여성적인 것, 희고 검음 등)이 순응화된 분류의 합일의 산물일 때 그러한데, 피지배자의 사회적 존재 또한 그 산물이다.

　가볍고 때로는 눈에 띄지 않는 이런 폭력이 행사되는 구체적인 상황에 대해 충분히 다양하며 충분히 거론되어지는 충분히 많은 예시들을 충분히 섬세하게 불러 올 능력이 없기에(버지니아 울프 같은 이가 필요하리라), 필자는 논쟁의 여지가 없도록 상호 작용의 무한히 작은 것에 대한 기술에 매달리기보다는 객관성 속에서 요구된 관찰에 매달리려 한다. 대다수의 프랑스 여자들은 자신보다 나이가 많고, 또 아주 일관성을 갖고 키가 더 큰 배우자를 원한다고 선언하며, 그녀들 중의 3분의 2가 자신보다 더 작은 남자를 분명히 거부하기까지 한다.[54] 성적인 '위

---

54) 마찬가지 논리로 Myra Marx Ferree는 가사 노동의 분리가 변하는 데 있어 주요 장애는, 가사들이 "'진정한 남자'에게 어울리지 않는" 것처럼 여겨진다는 사실에 있다고 환기시키면서, 여자들이 그를 의기소침하게 만들지나 않을까 하는 걱정으로 그녀들의 남편으로부터 받는 도움을 숨기고 있다고 지적한다. (cf. M. Marx Ferree, 〈Sacrifice, Satisfaction and Social Change: Employ-ment and the Family〉, in K. Brooklin Sacks 그리고 D. Remy(eds), *My Troubles are Going to Have Trouble with Me*, New Brunswick(N. J.), Rutgers University Press, 1984. p. 73.)

계'의 평범한 기호가 소멸되는 것을 보기를 거부하는 것은 무엇을 의미하는가? "외형의 뒤집힘을 수락한다는 사실은 지배하는 것이 여자라고 생각하게끔 하며, 이는 (역설적으로) 여자를 사회적으로 낮추게 하는 것이라고 미셸 보종은 대답하는데, 다시 말해 여자는 작은 남자와 함께 있으면 자신이 작아진다고 느낀다는 것이다."[55] 그러므로 여자들은 지배당하는 지위의 외적 기호를 받아들이기 위하여, 일반적으로 남자들(그들 측에서도 더 나이 어린 여자를 선호하는)과 의견을 같이한다는 사실에 주목하는 것만으로는 충분치 않다. 그녀들은 자신들의 사회적 정체성이 예속되어 있는(예속되게 될) 남자와의 관계로 인해 만들어진 재현 속에서, 또는 남자와 여자 모두 보편적으로 공유한 지각과 평가의 표상을 (해당 집단 안에서) 남자에게 적용하면서, 남자로부터 재현될 것임을 깨닫게 된다. 이러한 공통적인 원칙들은 암암리에 논쟁의 여지없이 남자는 외부적으로는 부부 사이

---

55) M. Bozon, 〈여자들과 부부 간의 나이 차이: 동의된 지배 Les femmes et l'écart d'âge entre conjoints: une domination consentie〉, I: 〈결합의 유형들과 나이 차이에서 오는 기대 Types d'union et attentes en matière d'écart d'âge〉, *Population*, 2, 1990, p.327-360; II: 〈성인의 생으로 들어가는 법과 부부의 재현 Modes d'entrée dans la vie adulte et représentations du conjoint〉, *Population*, 3, 1990, p.565-602; 〈육체적 외관과 부부의 선택 Apparence physique et choix du conjoint〉, *INED*, Congrès et colloques, 7, 1991, p.91-110.

의 지배적 지위를 차지하기를 요구한다는 사실이다. 그러므로 그녀들이 그에게 **우선적으로**, 그리고 보편적으로 원하는 것은 남자와 그의 권위를 위해서이기도 하지만, 여자들보다 눈에 띄게 '능가'한다는 사실을 통해 분명히 확인되고 입증된 남자만을 원하고 사랑할 수밖에 없다는 것은 그녀들 스스로의 권위를 위해서이다. 이것은 물론 모든 계산에서 벗어나서, 논의도 판단도 필요 없는 경향의 외양적 자의성을 거쳐 이루어지는데, 바람직하면서도 현실적인 차이에 대한 관찰이 입증하듯이 이 경향은 우월성의 경험 안에서 탄생하고 완성되며, 가장 논쟁의 여지가 없고 모두가 분명히 알고 있는 우월성의 기호는 나이와 키(성숙의 표시와 안전의 보장처럼 입증된)이다.[56]

단지 개인적인 관점으로만 이해할 수 있는 모순의 극단까지 밀고 나가자면, 전통적인 모델에 가장 순종적으로 보이는 여자들이——더 큰 나이 차이를 원한다고 말함으로써——특히 수공업자·상인·농부·노동자들인 것을 보면, 결혼이 여자들에게 있어서 사회적 지위를 얻는 특별한 수단이라는 사실은 충분

---

56) 카빌에서 어떤 (정숙한) 여자들은 실제로 지배적일지라도 남자가 지배하는 것처럼 보이고 보여지도록 순종의 위치를 택할 줄 아는 아주 미묘한 놀이들을 생각해야 할 것이다.

히 이해될 수 있다. 지배의 객관적인 구조에 연결된 개연성에 대한 무의식적 통제의 산물로서, 이러한 선호들에서 나타난 순종적 자세는 잘 납득되어진 이해타산일 수도 있다. 반대로 이런 자세들은 이것들을 생산하고 유지하는 객관적 의존이 감소됨에 따라(전문적 직업의 여성 종사가 이혼의 요인이 된다는 것을 확인할 수 있다고 말하는 것과 동일한 논리) 약해지는 경향이 있다[57]──물론 차지하고 있는 지위뿐만 아니라 과정에 의해서도 실천의 다양성에 대한 분석이 포착되도록 하는 **히스테리시스**(hysteresis)〔물리학 용어; 이력(履歷) 현상〕의 효과와 더불어서──이러한 사실은 낭만적인 재현과는 반대로 사랑으로 이끌림은 순리적 계산에 아무것도 줄 수 없는 합리성의 형태에 사로잡히지 않는다는 것이며, 달리 말해 사랑은 흔히 **사회적 숙명의 사랑**(amor fati)이라는 일면을 갖는다는 것을 확인하려 한다.

그러므로 우리는 지배의 특수한 형태를 억제(힘에 의한)와 동의(이성에 대한), 기계적인 강제와 자발적이고 자유 의지에 따

---

57) Cf. B. Bastard와 L. Cardia-Vouèche, 〈여자들의 직업적 활동: 누구를 위한 생활 수단인가? 이혼 과정에 대한 숙고 L'activité professionnelle des femmes: une ressource mais pour qui? Une réflexion sur l'accès au divorce〉, *Sociologie du travail*, 3, 1984, p.308-316.

르며 계산된 순종 사이의 택일을 초월하는 조건에서만 생각해 볼 수 있다. 상징적 지배의 결과(그 지배가 민족에서 온 것이든, 젠더·문화·언어에서 온 것이든 간에)는 알고자 하는 의식의 순수 논리가 아니라 아비투스로 구성되고, 의식의 결정과 의지의 조정을 넘어서서 그 자체로 대단히 불확실한 지식의 관계를 설정한다.[58] 그리하여 남성 지배와 여성 순종에 대한 역설적인 논리는 지각·평가·행위의 표상을 거쳐서 행사되는데, 그것이 동시에 모순 없이 **자연 발생적이자 강요된** 것이라 해도, 사회 질서가 여자들(그리고 남자들)에 대해 행사하는 **지속적 효과들**, 다시 말해 그 논리가 그들에게 강요하는 이 질서에 자연 발생적으로 일치하는 성향을 정식으로 인정할 때에만이 이해된다.

상징적 힘은 모든 육체적 제약 밖에서 직접, 그리고 마술

---

58) 언어적 지배에 연관된 상징적 폭력의 경험에 대한 숱한 증언과 관찰이 있지만, 단지 그것들의 본보기적인 성격으로 독립 나이지리아에 관해서 M. Abiodun Goke-Pariola가 보여준 증언과 관찰만을 인용하겠다: '모든 토착적인 것이 내재화된 비방'과 영속화는, 나이지리아인들이 그들 고유의 언어로(학교에서 교육되기를 거부하는) 그리고 이전 식민지 통치자들의 언어로 소통하며, 그들이 "영어의 비음 어조 등을 터득하기 위해서 영국인의 신체적 특성을 수용하여 말한다"는 보고에서 탁월하게 드러난다. (cf. A. Goke-Pariola, *The Role of Language in the Struggle for Power and Legitimacy in Africa*, African Studies, 31, Lewiston, Queenstron, Lampeter, The Edwin Mellen Press, 1993.)

에 의한 것처럼 신체에 가해지는 권력의 한 형태이다. 그러나 이런 마술은 신체의 가장 깊은 곳에 용수철처럼 눌려 있는 성향에 의존할 때에만 작동한다.[59] 만약 그 상징적 힘이 하나의 연결 차단 장치처럼, 다시 말해 지극히 적은 에너지를 소비하면서 움직일 수 있다면, 그 힘은 주입(注入)과 합일의 작업 결과 상징적 힘을 초래하는 남자 또는 여자로 나누어 놓는 성향을 가동케 하려는 것이며, 그 결과 상징적인 힘이 초래된다. 달리 말하면 상징적 힘은 신체의 지속적 변형을 행하기 위해 그 힘이 가동하고 일깨우는 영구적인 성향을 만들기 위해 필요한 거대한 선결 작업 내에서, 그 가능성의 조건들과 경제적인 보상(이 단어의 더 넓은 의미로)을 발견한다. 그래서 그 힘이 눈에 띄지 않으면서도 은밀하게 상징적으로 구조화된 물리적 세계와 함께, 미세한 친근성을 거쳐 지배 구조를 볼 수 있는 상호 작용의 연장된 경험을 거쳐서 행사하는 것만큼이나 강력한 한 변형 행위가 되는 것이다.

상징적 권력의 마술이 영향을 미치는 지배자와 피지배자 간의 마술적 경계에 대한 지식과 인식의 실제 행위들은, 흔히

---

59) 이 용어들 중에서 종교적 메시지의 상징적 효율성을 생각해 볼 수 있다. 그것이 종교적 사회화의 선결 작업 위에(교리의 기본 교육, 예배 참석 빈도, 그리고 특히 종교심에 젖은 세계로의 일찍 빠져듦) 기대고 있음이 확실하다.

수치와 모욕·수줍음·근심·죄의식 같은 **신체적 놀라움**이나 사랑·동경·존경과 같은 **열정**과 **감정**의 형태를 취한다. 그리고 이 실제 행위들을 통해 피지배자는 강요된 한계를 받아들이면서, 흔히는 자신들도 모르게 때로는 자신의 의지와는 반대로 고유한 지배에 협력한다. 얼굴 붉힘, 말더듬기, 서투름, 몸을 떪, 무력한 화냄과 분노처럼 눈에 띌 정도로 그 스스로를 배반하는 고통스러운 감정들이 바로 그 예인데, 자신의 의사와는 무관하지만 **지켜야 하는 신체**와 지배적인 판단에 굴복하는 태도이며, 내적 혼란과 자아의 분열 속에서 의식과 의지의 이끌림으로 드러나는 신체가 사회적 구조들에 내재된 통제와 은밀한 공모 속에서 느끼는 수많은 방식들이다.

체화된 사회적 관계, 합일화된 법규로 전환된 사회 법규라는 피지배적 아비투스의 열정들은(젠더·민족·문화·언어의 관점에서) 자유로운 의식에 입각한 단순한 의지의 노력에 의해 중단할 수 있는 열정에서 오는 것이 아니다. 의식과 의지라는 유일한 무기로 상징적 폭력을 물리칠 수 있다고 믿는 것이 완전히 허상이라 한다면, 그 폭력의 효율성에 대한 결과와 조건들은 성향의 형태하에 신체의 가장 내밀한 곳에 지속적으로 새겨져 있다는 말이다. 우리는 특히 그러한 것을 가족 관계와 이러한 모델에 의해 이루어진 모든 관계에서 볼 수 있는데, 여기에서 사회화된 신체의 지속적인 성향은 감정의 논리(자식 사랑, 형제애 등) 또는 의무의 논리 속에서 표현되고 계속되며, 이러한 논리는 존경과 애정적 헌신의 경험 속에 뒤섞여 생산의 사회적 조건이 사라질 때까지 오래도록 살아남을 수 있다. 우리는 그렇게 하여 외적 제약이 무너지고 형식적인 자유──투표권, 교육받을 권리, 정치를 포함한 모든 직종에의 진출──가 허락될 때, 자아 배척과 '소명 의식'(긍정적인 만큼 부정적으로 '작용하는')이 단호한 배척으로 이어짐을 주목하게 된다. 즉 공공연한 장소 밖으로의 내몰림이란 카빌 사람들에게 있어서처럼 그것이 명백하게 확인될 때, 여자들을 분리된 공간에 가두고 집회 장소 주변 같은 남성 공간으로의 접근을 두려운 시험처럼 여겨지도록 하는데, 이것은 가장론에 드러난 금기 사항들이 폐지되기까지 오래도록 살아남을 수 있고, 여자들로 하여금 **시장**(agora)으로부터 자신을 배척시키도록 이끄는 사회적으로 강요된 일종의 **시장 공포증**(agoraphobie socialement imposée)을 통해서 다른 곳에서도 거의 마찬가지의 효과를 볼 수 있다.

신체와 신체를 통한 지배의 결과 속에서 지속적으로 그 지배가 새겨 놓은 흔적들을 본다는 것은, 그녀들에게 자신의 억압에 대한 책임을 돌리려는, 지배를 시인하는 태도에 맞서 방어를 하자는 것은 아니며, 때때로 우리가 그러하듯이 여자들이 순종적으로 지배 행위를 받아들이는 편을 **선택하거나**("여자들은 그 자신들의 최악의 적이다"), 혹은 그녀들이 그 자신의 지배를 좋아하고 그녀들의 본연을 이루는 일종의 매저키즘을 통해 자신들에게 가해진 대우를 '즐긴다'는 사실을 암시하고 있다. 간혹 '희생자를 질책하기 위하여' 허용된 '순종적' 성향들이 객관적 구조의 산물이라는 것과 동시에, 구조들은 그것이 작동하고 재생산에 기여하는 성향에서만 효율성을 보인다는 것을 인정해야만 한다. 상징적 권력은 그것을 감수하는 이들과, 그들이 그 상징적 권력을 있는 그대로 **구축한다**는 이유로 그것을 감수하는 이들의 기여 없이는 실행될 수 없다. 그러나 이러한 확실한 사실에 그치지 않고 (이상주의적·민속 방법론적 혹은 다른 식의 구성주의처럼) 이 세상과 권력의 구성 행위를 조직하는 인지적 구조의 사회 구성을 인정하고 파악해야 한다. 그리고 이런 실제적 구성은 고립된 '주체'의 의식적이며 자유롭고 해방된 지적 행위와는 달리 그 자체로 권력의 결과라는 것을 명백하게 깨달아야 하는데, 그 권력의 결과는 어떤 상징적 표출에 **민감**하도록 하는 지각과 성향들의 표상 형태로(동경하고 존중하며 사랑하는 등) 피지배자의 신체 안에 지속적으로 새겨져 있다.

지배가 무기나 돈의 힘과 같은 적나라한 힘을 근거로 삼는 것처럼 보일 때조차 지배의 인식은 지적 행위를 가정하는 것이 사실이라 해도, 그것은 주지주의적이고 스콜라 철학적인 '편견'에 의해 의식의 언어 안에서 지배 인식을 기술하는 데에 설정된 것 이상의 다른 뜻은 가지고 있지 않으며, 그러한 편견은 실천에 대한 성향 이론이 부족하여 신체에 사회 구조를 새겨 놓는 결과를 가져온 불투명성과 타성을 깨닫지 못함으로써 마르크스(그리고 특히 루카스 이후 '거짓 의식'에 관해 말하는 사람들)에서처럼 '의식의 자각'에 대한 자동적인 결과로부터 여성 해방을 기대하게 된다.

잔 파브레-사다는 '설득과 유혹'으로 얻은 '동의'의 개념에 대한 불합리성을 잘 보여주었지만, '자유로운 허락'과 '명시적 합의' 같은 제약과 동의의 택일로부터 진정으로 탈피하지는 못하였는데, 그것은 그녀가 자기 상실이라는 어휘를 빌려 온 마르크스처럼 갇혀 있었기 때문이다. (그래서 그녀는 '억압받는 자의 지배받고 파편적이며 모순된 **의식**(conscience), 혹은 남성의 육체적·법적 그리고 정신적 권력에 의한 여성의 **의식** 침해에 대해 말한다.) 남성 질서가 신체에 행하는 **지속적인** 결과를 정식으로 인정하지 못함으로써, 파브레-사다는 상징적 폭력의 순수한 결과를 구성하는 마술에 걸린 순종을 적절히 이해하지 못하고 있다.[60] 여기 저기에서 조금은 왜곡하여 사용되고 있는 '상상 세계'의 언어는 의식이라는 언어보다 더욱더 부적절한데, 그 상상 세계의 언어는 지배 관점의 원칙이 단순한 정신적 재현, 환각(fantasme, '머릿속의 관념들'), '이데올로기'가 아니라 사물과 신체 안에 깊이 새겨진 구조의 체제라는 사실을 굳이 잊으려 한다는 점에 있어 특히 그러하다. 니콜–클로드 마티외는 〈피지배 의식에 대하여〉[61]라는 글 속에서 "압제자측의 모든 책임을 거의 말소하고"[62] "핍박받는 자의 죄의식을 다시 한 번 배제하는 동의 개념에 대한 평론"[63]을 가장 많이 다루었다. 그러나 '의식'의 언어를 포기하지 못함으로써, 그녀는 지배가 피압박자들에게 강요하는 **사고와 행동에 대한 가능성의 한계**[64]와 "남자들이 어디서나 드러내는 권력에 의해 의식이 침해"[65]당한다는 것에 대한 분석을 철저히 해내지 못하였다.

---

60) J. Favret-Saada, 〈여자들의 설득 Lrraisonnement des femmes〉, *Les Temps modernes,* février 1987, p.137-150.

61) N. -C. Mathieu, 《성의 범주화와 사상 *Catégorisation et idéologies de sexe*》, Paris, Côté-femmes, 1991.

62) *Ibid.,* p.225.

63) *Ibid.,* p.226.

64) *Ibid.,* p.216.

65) *Ibid.,* p.180. 재생산의 관계에 있어서 남성적 관점의 비평 중에 가장 결정적으로 앞선 것들은 실용적인 것, 특히 제식적인 것들의 인종학적 분석을 가장 확실하게 의지하고 있음을 잠시 주목해야 한다. (cf. 예를 들어 N. Echard,

이러한 비평적 구별짓기가 결코 거저 얻어진 것은 아니다. 구별짓기는 실상 페미니즘 운동이 호소하는 상징적 혁명이 의식과 의지의 단순한 전환으로 축소될 수 없다는 사실을 내포하고 있다. 상징적 폭력의 토대가 충분히 밝혀낼 수 있는 신비화된 의식 안에서가 아니라 구별짓기를 그 산물로 갖는 지배 구조에 맞추어진 성향들 안에 존재한다는 사실로 인하여, 우리는 상징적 지배의 희생자들이 지배자에게 부여한 공범 관계의 단절을 기대할 수 있는데, 그것은 피지배자로 하여금 지배자와 피지배자 자신에 대해 지배자의 관점을 취하도록 하는 성향들의 생산에 대한 사회적 조건들에 근원적인 변형이 있어야만 가능하다. 상징적 폭력은 지식과 무지의 실제 행위를 거쳐야만 이루어지며, 이 행위는 의식·의지와는 별도로 실행되고, 명령·암시·유혹·위협·비난·질서·경고와 같은 모든 표출에 '최면적 권력'을 부여한다. 그러나 오로지 성향의 공범 의식을 통해서 기능하는 지배의 연관성은 성향을 산물로 갖는 구조(특히 여자들을 순환하는 대상물처럼 취급하는 기본 원칙을 가지고 있는 상징적 부의 시장 구조)의 **보존과 변형**에 깊이 좌우된다.

O. Journet, C. Michard-Marchal, C. Ribéry, N. -C. Mathieu, P. Tabet, *L'Arraiso-nnement des femmes. Essais en anthropologie des sexes,* Paris, École des hautes études en sciences sociales, 1985에 N. -C. Mathieu가 재편성한 텍스트가 있다.)

상징적 부의 경제 내에서의 여성들

그리하여 성향들(**아비투스**)은 여성들과 마찬가지로 남성들에게 있어서도 이들을 생산하고 재생산하는 구조들(라이프니츠의 habitudines), 특히 상징적 부의 시장 구조 안에서 그 완벽한 기반을 발견하는 기술적 제식 활동의 구조와 떼어 놓고 생각할 수 없다.[66] 신화적 제식 원칙이 인정하고 강조하는 여성 하대와 여성 제외의 원칙은, 그것으로 우주의 구분 원칙을 삼는다는 점에서 기본적인 비대칭에 지나지 않는다. 이 비대칭이란 **주체와 대상**의 비대칭, **행동자와 도구**의 비대칭으로서 상징적 교환의 영역에서 남성과 여성 사이에서 창출되며, 그 중

---

66) Peirce의 그것같이 현대 철학에 나타나는 몇몇 직관들을 앞질러 Leibniz는 표현 속에서 진술되는 것들을 지칭하기 위해 'habitudines' 지속되는 방식, 즉 변화의 결과인 구조에 대해 말한다. (G. W. Leibniz, 〈Quid sit idea〉, in Gerhardt(ed.), *Philosophischen Schriften*, VII, p.263-264.)

심적 장치가 결혼 시장이고 사회적 질서의 토대를 이루는 상징적 자본의 생산과 재생산 관계에 관한 비대칭이다. 다시 말해 여성들은 거기에서 물건으로밖에 나타날 수 없으며, 조금 낫다 해도 그녀들의 의지 밖에서 이루어진, 남성들이 장악하고 있는 상징적 자산의 혼란과 증대에 기여하는 기능을 지닌 상징으로 드러날 수 있을 뿐이다. 여성들에게 주어진 위상의 진실은 제한된 상황 속에서 **역으로** 드러나는데, 대가 끊기는 것을 막기 위해 데릴사위를 **맞아들이고** 부계 중심의 관계와는 반대로 그는 신부 집에 들어와서 여자처럼, 즉 물건처럼("그가 신부 노릇을 한다"라고 카빌인들은 말한다) 유통된다. 즉 남성성은 카빌 지방에서와 마찬가지로 베아른 지역에서도 주목되며, 그렇게 불명예를 당한 집안이 집안의 명예를 구하고 자신을 맞아들인 집안의 명예가 문제시되는 스스로 남자이기를 포기한 '물건으로의 남성'의 명예를 구하기 위해서 실행한 자구책에 대해 사회 집단 전부가 확고한 관용을 베푸는 것을 볼 수 있다.

문화적 이분법으로 남성성에 주어진 우월성에 대한 설명은 바로 상징적 교환의 경제 논리 안에서, 남자들의 이해 관계에 맞추어져 정의되고, 남성의 상징적 자산의 재생산에 기여하게 되어 있는 교환 대상으로의 사회적 위상을 여성에게 부여하는 친족 관계와 결혼 관계의 사회적 구성 속에서 발견된다.

남성들간의 동등한 교류로 이해되는 교환의 절대적 요청을 내포한다는 점에서 레비-스트로스가 사회의 바탕을 이루는 행위라고 보았던 근친상간의 금기는, 대상으로 혹은 남성 정치의 **상징적 도구**로 그녀들을 축소시키면서 그녀들을 통해 이루어지는 교환과 동맹의 주체로서의 여성을 부인하는 폭력의 제도와 상관이 있다. 즉 신탁 행위의 기호처럼 유통되고, 그래서 남성간의 관계를 형성하는 임무를 맡음으로써 그녀들은 상징적이고 사회적인 자산의 생산과 재생산의 도구라는 위상으로 축소된다. 그리고 아마도 레비-스트로스의 순수한 '기호론'적 관점과의 단절까지 밀고 나가자면, 안-마리 다르디냐(Anne-Marie Dardigne)가 말하듯이 "여성의 신체를 글자 그대로 화폐처럼 남성간에 유통되는 환산 가능하고 상호 교환될 수 있는 물건"[67]으로 보는 사드식 유통 구조 안에서 레비-스트로스적인 유통의 환멸스럽고 파렴치한 한계를 보아야 하는데, 이러한 레비-스트로스적 유통 구조는 화폐 교환의 보편성에 연결된 환멸(에로티시즘이 그 한 양상인)에 의해 분명히 가능해지며, 결국에는 합법적인 여성들의 합법적 유통이 근거로 삼는 폭력을 세상에 내

---

67) A. -M. Dardigna, 《에로스의 성 혹은 여성 섹스의 불행 *Les Châteaux d'Éros ou les infortunes du sexe des femmes*》, Paris, Maspero, 1980, p.88.

놓게 된다.

여성 교환을 교류의 연관성으로 여기며 상징적 힘을 보존하거나 증대할 목표를 지닌 상징적 힘의 연관성인 혼인의 거래에 **정치적인** 영역을 위장하는 엄격하게 기호학적인 읽기와, 상징적 생산 방법의 논리를 순수하게 경제적인 생산 방법의 논리와 혼돈하면서,[68] 마르크스주의적이거나 아니거나 간에 상품 교환처럼 여자들을 교환하는 순전히 '경제론'적인 해석은 상징적 부의 경제의 본질적인 모호성을 다루지 못한다는 공통점을 가지고 있다. 즉 상징적 자산(명예)의 축적으로 조정된 이러한 경제는 다양한 원자재들을 **선사품**으로(생산품이 아니라), 즉 분리될 수 없게끔 지배 도구가 되는 교류의 기호로 변형하는데, 그 원자재들의 일선에 여성들과 형태에 있어서 교환될 수 있는 모든 대상물이 있다.[69]

---

68) 언어 교환의 이해에 있어서 교환의 기호학적 관점과 단절될 때의 결과에 관해서 P. 부르디외, 《말하는 것이 말하고자 하는 것》, *op. cit.*, p.13-21과 여러 페이지를 볼 것.

69) 상징적 자산의 경제에 대한 이러한 유물론적 분석은 '유물론적' 연구와 '상징적' 연구(Michel Rosaldo와 Sherry Ortner, Gayle Rubin의 연구처럼 아주 탁월하기는 하지만 필자가 느끼기에는 부분적으로 보인다. Rosaldo와 Ortner는 상징적 대립의 역할과 피지배자의 공모성을 보았고, Rubine은 상징적 교환과 혼인 전략의 관계를 다루었다) 사이의 대립을 통해 지속되는 '물질적인 것'과 '이상적인 것' 사이의 위험한 선택을 피하도록 한다.

이러한 식의 이론은 이 교환의 특이한 구조뿐 아니라 교환이 이를 이행하는 사람들에게 요구하는 사회적 노동, 특히 그것을 생산하고 재생산하는 데 필요한 사회적 노동과 그리고 행동자(능동적 행동자로의 남성들, 혹은 수동적 행동자로의 여성들)와 논리 자체를 다룬다. 그것은 상징적 자산이 어떤 식으로든 고유의 힘에 의해, 공간적·시간적으로 정해진 행동자들의 행위 밖에서 재생산된다는 환상에 상반된 것이다. 행동자를 (재)생산한다는 것은 사회적 세계를 조직하는 범주들(지각과 평가의 표상과 사회 집단들이라는 이중 의미에서), 친족 범주들을 (재)생산하는 것이지만 또한 신화 제의적 범주들을 (재)생산하는 것이기도 하다. 놀이와 내기를 (재)생산하는 것, 그것은 사회적 재생산에(단지 섹슈얼리티뿐만 아니라) 편승하는 조건들을 (재)생산한다는 것인데 이 사회적 재생산은 상징적 자산으로서의 혈통적 위상, 자손이나 선조의 이름, 그 결과 사람들에게 지속적으로 행사되는 권력과 권리를 축적하는 것을 목표로 삼고 있는 투쟁적 교환에 의해 보장된다. 왜냐하면 남자들은 기호들을 생산하고 그것을 활발하게 교환하는데, 명예의 불평등, 다시 말해 지배를 생산할 수 있는 교환의 조건 자체인 명예의 평등이라는 본질적인 관계에 의해 합쳐진 경쟁자로서의 동반자로서 그러하다. 이것은 레비-스트로스가 말하는 지배 방식에 있어서 순수

하게 기호학적인 관점을 놓친 부분이라 하겠다. 그 결과 비대
칭은 주체로서의 남성과 교환 대상물로서의 여성 사이에, 생산
과 재생산의 책임자이자 주인인 남성과 이런 작업에 의해 **변형
된** 생산물인 여성 사이에 있어서 기본적인 것이다.[70]

　　카빌의 경우처럼 상징적 자산과 사회적 자산의 획득이 대
체로 가능한 축적의 유일한 형태를 구성할 때, 여성들은 멸시
와 의심으로부터 보호되고 지켜져야 하며 교환에 투자되어 동
맹, 즉 사회적 자산과 신망이 두터운 인척 관계, 다시 말해 상징
적 자산을 생산할 수 있는 가치들이 된다. 이러한 동맹의 가치,
그 동맹들이 마련해 주는 상징적 이득이 교환될 수 있는 여자
들의 상징적 가치에, 그녀들의 명성과 특히 순결성——남성
적인 평판, 즉 전 가문의 상징적 자산의 물신화된 척도로 구성

---

70) 위에서 언급한 앞선 제의들의 각각을 놓고 볼 때, 한편으로는 레비-스
트로스의 논문들과 다른 한편으로는 특히 Gayle Rubin의 분석처럼(《The
Traffic in Women. The Political Economy of Sex》 in R. R. Reiter(ed.), *Toward an An-
thropology of Women*, New York, Monthly Review Press, 1975) 그와 유사한 유의 분석
들과 구별을 할 수 있었어야(했어야만) 하리라. 후자는 여성들의 압박을 이
해하고자 필자와는 다른 시야로 레비-스트로스의 근본적인 분석의 몇몇
흔적을 다시금 다루고 있다. 그것은 필자로 하여금 필자가 지닌 '차이'와
가치를 부여하면서 이들 저자의 공적을 인정하고, 특히 필자 자신이 거기에
대립하는 분석들을 반복하거나 다시 다루는 듯한 인상을 지니게끔 하는 것
을 피할 수 있도록 하였다.

된——에 부분적으로 의지한다고 할 때, 남자 형제들 혹은 부친의 명예는 남편으로서의 경계심만큼이나 까다롭고 편집증적이며, 충분히 납득되어진 이해 관계의 한 형태이다.

그 기본적 구분 원칙을 통해서 사회에 대한 모든 지각을 조직하는 상징적 부의 경제의 결정적 무게는 모든 사회적 우주에, 다시 말해서 경제적 생산의 경제뿐 아니라 **생물학적인 재생산**의 경제에도 강요된다. 바로 그 때문에 카빌뿐 아니라 많은 다른 전통에 있어서, 임신과 분만이라는 순수한 여성 작업은 수정이라는 순전한 남성의 일에 이익을 주기 위해 말소되어진 것처럼 보인다고 설명할 수 있다. (정신분석학적 관점을 취하는 마리 오브라이언이 종자의 재생산 수단의 박탈을 극복하려는, 그리고 분만시 여성들의 실제 노동을 감춤으로써 부성의 우월성을 구축하려는 남성들의 노력의 산물을 남성 지배 안에서 본 것이 틀리지 않았다 해도, 그녀는 '이념적인' 노동을 그 진정한 토대에 있어서, 다시 말해 상징적 자산의 재생산에 대한 필요성에 있어서 **생물학적인 재생산**의 종속을 강요하는 상징적 부의 경제가 지닌 압박과 결부시키지 못했다는 점도 주목할 만하다.)[71] 농사의 순환에 있어서처럼 생식의

71) M. O'Brien, *The Politics of Reproduction,* Londres, Routledge and Kegan Paul, 1981.

순환에 있어서 신화 제식적 논리는 남성적 개입을 특권시하는 데, 남성적 개입이란 혼인식이나 경작 개시의 시기에 행해지는 공공의, 공적이고 집합적인 제식에 의해 겨울 동안의 땅의 잉태처럼 임의적이고 거의 은밀한 제의 행위만을 야기하는 임신 같은 잉태의 기간을 갖지 않은 채 늘상 표시되어 있다. 남성적 개입이란 한편으로는 **비연속적**이고 **평범하지 않는** 개입으로서 웅장하게——때로는 집단이 지켜보는 앞에서 공개적으로 경작을 하듯이——완수된 개시라는 위태롭고 위험한 행위이다. 또 다른 한편으로는 그것은 여자나 땅이 행동자라기보다 오히려 부풀기의 장소, 기회 또는 보조가 되는 그러한 부풀기의 자연적이고 수동적인 일종의 과정이며, 동반이라는 기술적이고 제식적인 실천들이나 노동으로 자연을 돕도록 정해진 행위들(동물들을 위한 김매기와 건초줍기 같은)만을 여자가 해주기를 요구하며, 이로 인해 이중으로 남자들에게 무시된 채 내버려져 있게 하는 행위들이다. 다시 말해 친숙하고 지속적이며, 일상적이고 반복적이며 단조롭고, 어느 시인이 말했듯이 '보잘것없고 쉽다'는 집의 어두운 부분이나 경작 절기 중 죽은 시간에 눈에 띄지 않게 이루어진다. [72]

---

72) 연속과 비연속의 이러한 대립은 우리가 사는 세상 속에, 여성적인 가사

성적 구분은 노동 개념을 연관시키는 생산적 활동의 구분 안에 좀더 넓게 본다면 남성들의 공식적이고 공공연한 모든 활동, **재현**의 독점을 남성들에게 부여하는 파롤(parole)의 교환('매일의 만남과 특히 모임에서'), 선물의 교환, 여자의 교환, 결투와 살인의 교환(전쟁이 그 극단인)과 같은 모든 명예 교환들의 독점을 남성들에게 부여하는 상징적 자산과 사회적 자산에 대한 관리라고 하는 노동의 구분 안에 새겨져 있다. 또 다른 한편으로 성적 구분은 상징적 부의 경제에 참여한 자들의 성향들(아비투스들) 안에 새겨져 있다. 다시 말해서 여성들의 성향은 교환 **대상**(objets)으로 축소한 반면(어떤 조건하에서 그녀들이 대리인의 자격으로 교환을, 특히 혼인의 교환을 조정하고 조직하는 데 기여할 수 있다 해도), 남성들의 성향은 모든 사회 질서와 상징적 부의 시장 기능에 관련된 긍정적·부정적 제재가 명예의 의미로 구성되어서 신중한 것처럼, 그렇게 구성된 모든 놀이들을 신중한 의미로 다루는 재능과 성향을 터득할 것을 강요한다.

노동이라는 판에 박힌 일과 남성들이 마음대로 가로채는 '커다란 결정들' 사이의 대립 속에서 발견된다. (cf. M. Glaude, F. de Singly, 〈L'organisation domestique: pouvoir et négotiation〉, *Économie et Statistique*, 187, Paris, INSEE, 1986.)

다른 글에서도 언급했듯이[73] 성별 노동 구분의 항목에서 **생산 활동**의 구분을 기술하면서 필자는 노동에 대한 민족 중심적인 정의를 **잘못** 사용하였는데,[74] 역사적인 발명으로서의 노동에 대한 민족 중심적 정의는 '총체적' 혹은 분화되지 않았다고 말할 수 있는 사회적 기능인 금전적 제재가 없기 때문에 우리 사회가 비생산적인 것으로 간주할 수도 있는 활동을 포용하는 사회적 기능을 가진 실행과 같은 '노동'의 전(前)자본주의적인 정의와는 아주 다르다는 것을 필자 스스로 제시한 바 있었다. 다시 말해서 카빌 사회와 전자본주의적 사회의 대부분에서, 구체제(Ancien Régime) 사회의 귀족층에서, 자본주의 사회의 특권 계층에 있어서 사회적 자산과 상징적 자산의 재생산을 향해 직접·간접적으로 조성된 모든 실천들의 경우인데, 카빌인들에게 있어 혼인을 협상하거나 남자들의 집회에서 발언을 하는 것, 아니면 근사한 운동 경기를 하고 살롱을 열고 무도회를 개최하며 자선 단체를 창시하는 사실에서 그 예를 볼 수 있다. 따라서 이런 불완전한 정의를 받아들인다는 것은, '역할' 혹은 **임무**(charges)에 대해서 성 구분이 가지고 있는 객관적 구조를 완전히 파악치

---

73) P. 부르디외, 《실천 감각》, *op. cit.,* p.358.
74) Cf. P. 부르디외, 《알제리의 노동과 노동자들 *Travail et Travailleurs en Algérie*》, Pairs-La Haye, Mouton, 1963, et *Algérie 60*, Paris, Éditions de Minuit, 1977.

못하도록 하는 것이다. 이 객관적 구조란 실천의 모든 분야에 만연해 있고 특히 공공적이고 비연속적이며 평범하지 않은 남성적 교환과, 사적이고 비밀스럽고 연속적이며 평범한 여성적 교환 사이의 차이점을 지닌 교환에, 동일한 원칙의 대립들이 주목되는 종교적·제식적인 활동에 널리 퍼져 있다.

사회적인 놀이(환상) 속의 이런 원초적 공략은 남자를 진정으로 남자이게 하는데——명예, 남성성, **남자다움**, 혹은 카빌인들이 말하듯이 '카빌 특성(thakbaylith)'의 의미로——스스로에 대한 모든 의무의 이론이 지닌 검토되지 않은 원칙이며 스스로에게 **해야 할**, 자신만의 규칙을 세우기 위하여 스스로의 눈에 비추어서 이상적으로 생각하는 남성형에 이르기 위하여 완수해야만 하는 모든 일의 원동력이자 동기인 것이다. 위급한 경우처럼 해야 할 일들, 남성들의 투쟁적인 공략과 여성들의 기권과 절제의 부덕은 실상 곧음과 힘, 세워짐과 뉘어짐, 강함과 약함, 간단히 말해 남성적인 것과 여성적인 것의 기본적인 구분에 따라 구축된 아비투스와, 이러한 구분에 따라서 조직된 사회적 공간 사이의 관계 안에서 생성된다.

그러므로 체통과 상징적 부의 경제의 규칙성, 규칙으로까지 연장된 순종에 의해 얻어진 놀이의 의미가 갖는 각별한 형태는 재생산 전략 체제의 원칙이며, 전략에 의해서 남자들은 상징적 자산의 생산과 재생산의 도구들을 독점하는 소유자로서 자산의 보존과 증대를 확고히 하려고 애쓴다. 즉 물려받은 권력과 특권의 이양을 향해 조정된 생식 전략, 혼인 전략, 교육 전략, 경제 전략, 상속 전략을 고수하려는 것이다. [75] 부덕으로 된 상징적 질서의 필요성은, 행동자의 행위를 거쳐 동요된 명예(다시 말해 자손에 의해, 혹은——베아른 지방과 중세, 그리고 확신하건대 그 이전 귀족 가문에 있어서의——'집안'에 의해 공동 소유된 상징적 자산)의 합일의 산물이다.

여성들은 명예의 놀이같이 가장 중요하게 간주되는 놀이들이 진행되는 집회나 시장 같은 공공 장소에서 제외된다. 그리고 명예에 있어서 평등 원칙(암묵적인)의 이름으로 여성들은 제외된다고 **선험적으로** 말할 수 있는데, 이 원칙은 도전이 명예

---

75) 명예와 혼인과 상속의 전략 간의 연관에 대해서는 P. 부르디외의 〈독신 생활과 농부의 조건 Célibat et condition paysanne〉, *Études rurales*, 5-6, avril-septembre 1962, p.32-136와, 〈재생산 전략 체제에 있어서의 혼인 전략 Les stratégies matrimoniales dans le système des stratégies de reproduction〉, *Annales*, 4-5, juillet-octobre 1972, p.1105-1127, Y. Castan, 《랑그독 지방의 정직성과 사회 관계 *Honnêteté et relations sociales en Languedoc*》(1715-1780), Paris, Plon, 1974, p.17-18; 그리고 R. A. Nye, *Masculinity and Male Codes of Honor in Modern France*, New York, Oxford University Press, 1993을 읽어볼 수 있을 것이다.

로운 것이기 때문에 남성에게 (여성과 달리) 반격 역시 승인의 형태를 내포하기에 명예가 되는 반격을 가져올 수 있는 명예로운 남성에게 해당될 때에만 가치가 있다. 그 과정의 완전한 순환성은 자의적인 결정이 문제시된다는 점을 지적하고 있다.

남성성과 폭력

만약 여자들이 그녀들을 위축시키거나 부인하려는 경향을 가진 사회화 작업에 순종해서 희생·포기·침묵의 부정적인 부덕을 습득한다면, 남자들 역시 지배적 재현의 감옥에 갇힌 어쩔 수 없는 희생자들이다. 순종에의 성향들처럼 지배를 요구하고 실행하려는 성향들은 자연 속에 등재되어 있지 않고, 사회화 즉 상반되는 성과 관련된 능동적 차별화의 오랜 작업에 의해 구축됨이 분명하다. 남성의 의미로의 남자의 상태는 논쟁의 여지없이 '저절로 그렇게 되는 것'의 방식으로 강요된 하나의 의무 존재, 하나의 **남성다움**(virtus)를 내포한다. 고귀성과 유사하게 명예는——처세술, 신체의 단련, 남자다운 자세와 유지, **에토스**, 신념 등, 생각하고 행동하는 방식과 연대 관계에 있는 방식 속에서 흔히 볼 수 있는 자연적 외향의 성향들의 총체라는 형태 아래 신체 안에 새겨진——모든 외적인제약을 벗어나 남자들을 **다스린다**. 그는 힘("그것은 그 남자보다 더 강하다")을 도구로 삼아 생각과 실천을 **이끌지만**(이중의 의미에서), 자동적으로 제약하지는 않는다. (그는 감추어질 수 있고, 요구의 수준에 도달하지 않을 수도 있다.) 그리고 논리적 필요에 따라 그의 행동을 인도하며 자신을 부정하는 고통을 겪기도 하지만("그는 달리 어떻게 할 수 없다"), 그러나 합리적인 계산과 같은 확고한 논리적 심판이나 규칙처럼 그에게 강요되지는 않는다. 이런 우월한 힘은 피할 수 없이 저절로 그렇게 되는 것처럼, 다시 말해 심의도 심사도 없이 불가능한 것 혹은 생각할 수 없는 것처럼 타자들에게 나타나는 행위를 받아들이게 함으로써 숙명적인 사랑, 즉 사회적 본질로 구성되어 숙명으로 변형된 정체성을 실현하려는 신체적 성향처럼 기능하는 사회적 초월성이다. 고귀한 것(육체와 정신의 용기, 너그러움, 관대함 등)으로 간주된 성향들의 총체라는 의미로 고귀성 혹은 체통(nif)은 이름지어짐과 주입이라는 사회적 작업의 산물이며, 이로 인하여 사회 세계 속의 모든 것들에게 알려지고 이해된 '신비주의적 경계짓기의 선들' 중 하나에 의해 구성된 사회적 정체성이 생물학적 성격 안에 새겨져서 합일화된 사회적 법칙인 아비투스가 된다.

남성의 특권은 또한 하나의 함정이며, 때때로 불합리한 상황 속에서조차 남성성을 확인해야 하는 의무가 모든 남자에게 강요하는 지속적인 긴장과 집중을 그 대가로 치러야 한다.[76] 남성의 특권은 상징적 질서 안에 내재되어 있는 요구 사항에 스스로 순종하면서 후손이나 집안 같은 하나의 집단을 주제로 삼는다. 이런 측면에서 볼 때 체통은 실제로 하나의 이상적인 것, 더구나 접근할 수 없도록 정해진 요구 사항들의 체계인 것처럼 제시된다. 재생산적·성적·사회적 능력, 전투 폭력의 행사(특히 보복에서)에 대한 **기질**처럼 이해되는 **남성성**은 하나의 주어진 짐이다. 여성의 부덕이 처녀성에서 정절로 이어지기 때문에, 명예란 근본적으로 부정적이어서 방어하거나 상실할 수밖에 없는 여성과는 반대로 '진정으로 남자'다운 남성은 공공의 영역에서 영광과 기품을 추구하면서 자신의 명예를 최고의 수준까지 증가시켰다고 느끼는 남성을 말한다. 남성적 가치의 고양은

---

76) 전통적 약제사의 약전 속에 언제나 아주 강하게 재현되어 있는 최음제를 쓴 남자들의 아주 빈번하고 공통적인 수단이 말해 주듯이, 알제리의 한 약사에 의해 1960년대에 수집된 증거에 따르자면 적어도 북아프리카 사회의 경우에 있어 그러하다. 남성성은 실제로 신부의 처녀성을 빼앗는 제식의 경우에 있어서, 또한 성적(性的)인 것과 실신함이 주요한 자리를 차지하는 여성적인 대화를 통해서 집단적 판단이라는 다소간 가리워진 형태를 띤다. 1998년 미국에서와 마찬가지로 유럽에서 비아그라 알약의 출현이 야기시킨 군중의 쇄도는, 심리치료학자들과 의사들의 많은 글들과 더불어 남성성의 육체적인 드러냄에 관한 염려가 이국적인 개체주의와는 아무런 상관이 없음을 증명한다.

여성성이 야기하는 두려움과 근심 안에서 치러야 할 어두운 대가를 갖는다. 즉 명예의 **허약성** h'urma, 즉 좌측의 신성한 것(남성적이고 우측의 신성한 것과는 반대로 여성적인)의 구현으로서 연약하고 항상 모욕에 노출되어 있는 여성들은 thah' raymith, 즉 악마적인 술수와 마술이 그러하듯이 연약함이라는 무기로 강하게 무장하고 있다. [77] 남성성의 불가능한 이상으로부터 거대한 허약성의 원칙을 만드는 일에 모든 것이 그렇게 협조한다. 우리 사회에서 스포츠처럼 남성적 폭력의 놀이에서, 특히 남자다움의 가시적 기호를 생산하기 위해, 그리고 전투적인 운동경기처럼 남성적이라고 불리는 장점을 드러내 보이고 증명하기 위해 가장 잘 만들어진 놀이들처럼[78] 때때로 맹렬하기까지

---

77) 여성의 성과 그녀가 그에게 깨닫게 해준 쾌락(상호적이지는 않은)을 어리둥절한 채로 발견한 기원 신화에서 볼 수 있었듯이, 남자는 그를 악마적인 술수(thah' raymith)와 완벽한 대조를 보이는 성실과 순수(niya)의 측면에 있는 여자와 합하는 대립 체제 안에 위치한다. 이러한 대립에 관해서는 P. Bourdieu와 A. Sayad의 《근절, 알제리 전통 농업의 위기 *Le Déracinement. La crise de l'agriculture traditionnelle en Algérie*》, Paris, Éditions de Minuit, 1964, p.90-92를 볼 것.
78) Cf. S. W. Fussell, *Muscle: Confessions of an Unlikely Body Builder*, New York, Poseidon, 1991. 그리고 L. Wacquant, 〈A Body too Big to Feel〉, in *Masculinities*, 2(1), spring 1994, p.78-86. Loïc Wacquant은 〈육체 만들기〉가 B. Glassner가 말하듯 "허약함이란 감정에 대한 열정적인 싸움"이며, 드러나는 바대로의 '남성성의 역설'에 관해, 또한 "남성적 **환상**(illusio)이 생물학적인 개인 속에 자

한 공략으로 역설적으로 향하게 하는 것이 바로 그러한 허약
성이다.[79]

명예처럼——혹은 그의 이면으로의 수치, 죄의식과는 달
리 **타인들 앞에서** 증명된다고 알려져 있는 수치——남성성은
현실적이거나 잠재적인 폭력의 진실 속에서 다른 남성들에 의
해 가치를 인정받아야 하고, '진정한 남성들'의 집단에 속한다
는 승인에 의해 보증되어야 한다. 교육 혹은 특히 군대의 많은
제도적 의식들은 남성적 연대 의식의 강화로 조정된 남성성의
진정한 증거를 지니고 있다. 청소년들의 집단 강간——부르주
아 청소년들의 생각 속에 있는 사창가로 몰려다니는 등의 타락
한 변이 현상——과 같은 실천은 과시하려는 자들을 폭력의 진
실 속에,[80] 다시 말해 사랑에 대한 탈남성적인 모든 부드러움

리잡고 등재되어 있는 열등 의식의 과정"에 관해 정당하게 주장하고 있다.
79) 19세기말 중앙유럽 국가들에 있어서의 전통적인 유대인 아비투스의 구
축은, 여기 묘사된 대로의 남성적 아비투스의 구축 과정에 대한 일종의 **완벽
한 전환**처럼 나타난다. 결투라든지 스포츠처럼 비록 그 양식이 가장 제식화
된 것이라 해도 폭력이 난무하는 제식을 명백히 거부했는데, 이는 유대인 공
동체에 있어서 육체적인 훈련, 특히 가장 난폭한 훈련들을 부드럽고 '평화적
인' 기질의 발전을 용이케 하는 지적이고 영적인 훈련들에 비해 가치를 절하
시키게 했다. (강간과 피를 보이는 범죄가 아주 드물었던 것으로 증명된다.) (cf.V.
Kardy, 〈유대인과 스탈린식의 폭력 Les Juifs et la violence stalinienne〉, *Actes de la re-
cherche en sciences sociales*, 120, décembre 1997, p.3-31.)

과 애틋함에서 동떨어져 있는 남성성을 타인들 앞에서 확인하
도록 부추기는 것을 목표로 한다. 그러한 실제 행동들은 남성성
의 확인에 대한 타율성, 남성 집단의 판단에 대한 의존성을 현
저하게 드러내 보인다.

군대 또는 경찰(특히 '정예 부대'들), 범죄자들, 좀더 평범하
게는 노동자들이 요구하거나 인식하는 형태인 '용기'의 형태들
은——특히 건설업에서 신중성의 척도를 거부하는 것을, 많은
사고에 대해 책임지려 하는 허세적 행동에 의해 위험을 부인하
거나 도전하는 것을 격려하거나 억제한다——역설적으로 집
단의 존중과 동경을 잃을까, '동지들' 앞에서 '체통이 깎일까'
'나약한 자' '부실한 자' '여자 같은 남자' '남색가' 등 전형적으
로 여성적인 범주 안으로 보내지지 않을까 하는 **두려움**에 근거
하고 있다. 우리가 '용기'라 부르는 것은 비열함의 형태 안에 뿌
리를 내리고 있다. 즉 그것을 이해하기 위해서는 죽이고 고문
하며 강간하는 등의 지배·착취·압박에의 의지가 강인한 '남성
들'의 세계에서, 자신의 고통에 강하고 특히 타인의 고통——

---

80) 남성성과 폭력의 연관은 페니스를 **무기**(arme)처럼 묘사하는 브라질의 전
통 속에 명시되어 있다. (R. G. Parker, *Bodies, Pleasures and Passions: Sexual Culture in Con-
temporary Brazil*, Boston, Beacon, Press, 1991, p.37.) 상호 관계는 또한 삽입(foder)과
지배 사이에서 명백하다.

암살자, 고문자, 모든 독재와 모든 '통합적 제도'의 우두머리들, 감옥·부대·기숙사의 관리자 같은 가장 보편적인 자들까지——에 강하기 때문에 우리가 때때로 '강자'라 부르는 남성들의 세계계에서 제거될지도 모른다는 '남성적' 두려움에 의거하는 모든 상황들을 상기해 보는 것으로 족하다. 여기에는 또한 신(新)해방 성자 연구가 찬양하는 신체적 용기의 증거에 그들 역시 종종 순종하면서, 넘치는 고용인들을 실업으로 내몰면서 그들의 기량을 드러내 보이는 전투의 새로운 주인들도 포함된다. 우리가 보듯 남성성은 두드러지게 **상대적인** 개념으로서 다른 남성들 앞에서, 다른 남성들을 위해서, 여성성에 대항하여 여성적인 것에 대한 일종의 **두려움** 속에서, 그리고 무엇보다도 그 자체로 구축된 개념이다.

II

감춰진 항구성의 상기

쉽게 객관화하기에는 거리가 있으면서도 동시에 남성 지배의 주변에 구축된 사회 세계에 대한 민속학적 기술은, 세계에 대한 남성 중심적 관점의 분산된 조각들과 작은 흔적들을 찾는 일종의 '탐지기'처럼 작용하며, 그럼으로써 분명히 기원적으로 오래되고 케케묵은 상태로 남성이든 여성이든 우리들 각자 안에 자리잡고 있는 무의식에 대한 역사적 고고학의 도구처럼 작용한다. (그래서 생물학적이거나 심리학적인 양상 그리고 정신분석을 따르자면, 성차처럼 성격 안에 새겨진 속성에 연관된 것이 아니라 순수하게 역사적인 구축 작업——여성 세계로부터 사내아이를 분리시키려 하는 작업과 마찬가지로——에 관련된 역사적 무의식으로서, 그 결과 생산이라는 역사적 조건의 변형에 의해 바뀌어질 수 있는 것이다.)

따라서 남성 중심적 '무의식'으로 이루어진 모델에 대한 지식은 무의식, 즉 눈에 띄지 않는 시인의 은유나 친숙한 비교들 속에서, 섬광처럼 드러나거나 스스로를 배반하는 무의식의 표출 안에서 간파되고 이해되는 모든 것을 추출하는 것으로부터 시작해야 한다. 미리 알지 못했던 독자라면 카빌의 실천(특히 제식적인)과 재현을 구조화하는 관점과 반대되거나 혹은 일치된 관계로부터 얻을 수 있는 경험은──토속적 실제 활동에서 완전히 제외된 개요적인 관점을 제공하는 도식 덕분에──전혀 확신이라고는 없는 확신의 감정, 동일한 무의식으로의 개입을 근거로 한 확신의 감정으로부터 몇몇 시적 은유를 필요로 하는 예상 밖의 느낌과 아주 유사한 드러남 혹은 **재발견**(redé-couverte)의 느낌을 수반한 당황스러움의 형태에까지 가능할 것이다. 민속학자가 힘들여서 획득한 각각의 대립 관계를 다른 대립 관계와 하나의 체계로 묶는 직접 혹은 간접적인 등가 관계의 연결망과 함께 그 독자가 충분히 빠르게 획득할 수 있는 친밀성은, **객관적이고 주관적인 필요성**을 그에게 부여하면서 단순한 앎의 습득이 가져다 준 친밀성이 아니라, 플라톤 이후 프로이트가 '기억 회복'이라고 부른 이래 지금도 지니고 있고 동시에 상실한 지식의 재소유가 보장하는 친밀성이다.

이러한 기억 회복은 플라톤에서처럼 오로지 형상적 의미를 기초로 삼는다거나, 프로이트에서처럼 무의식의 설정에 있어서 개인적 과정에 토대를 두는 것이 아니며, 그 사회적 양상은 실제로 제외되지 않은 채로 발생적이고 보편적인, 결코 사회적으로 성격지어지지 않는 친숙한 하나의 구조로 축소된다. 기억 회복은 집단적이고 개인적인 무의식의 계통 발생과 개체 발생을 근거로 하고 있으며, 이는 모든 행동자에게 그 강압적인 전제 체계――민속학이 잠재적인 구제 요소가 되는 공리론을 이루는――를 강요하는 집단적 역사와 개인적 역사가 합치된 흔적이다.

성적으로 차별화되고 또 성적으로 차별하는 신체의 변형 작업은 일부는 의태적인 암시 효과를 통하여, 일부는 명시적 명령을 통하여, 또 다른 일부는 생물학적인 신체에 대한 관점(특히 지배와 소유 행위로 이해되는 성행위에 대한)의 상징적인 구축을 통하여 완성되는데, 이는 체계적으로 차별되고 차별하는 아비투스들을 생산한다. 남성 신체의 남성화와 여성 신체의 여성화는 오늘날 그 어느때보다도 시간과 노력의 대단한 낭비를 요구하는 거대한, 어떤 의미에서 그칠 수 없는 일들로서 그렇게 정착한 지배 관계의 신체화를 한정한다. 가장 기본적인 성향들이 신체의 바로서기를 통하여 요구되는데, 남성성의 과시에 적합한 사회적 놀이 안에 들어갈 수 있게 하고, **그런 경향을 갖게 하는** 성향들은 기본적 성향들로서 정치·사업·학문 등이 그것이다.

(유년 교육은 이러한 놀이에 들어가는 데 있어서 남자아이들과 여자아이들을 아주 불평등하게 부추기며, **학구적 리비도**(libido sciendi)와 같은 사회적 리비도의 가장 '순수한' 형태들 안에서 승화된 표현을 찾을 수 있는 **지배적 리비도**(libido dominandi)의 여러 형태를 남자아이들에게 더욱더 유리한 것으로 만든다.)[1]

---

1) 아주 이른 유년기부터 어린아이들은 그들의 성에 따라 매우 다른 **집단적 기대**의 대상이며, 학교라는 상황에서 소년들은 특권적인 대우의 대상(교사들은 그들에게 더 많은 시간을 할애하고, 주로 그들에게 질문을 던지며, 그들의 말을 끊는 것을 덜하고 일반적인 토론에 더 많이 참여시킨다)이라는 점을 입증하는 모든 관찰들을 인용해야 할 것이다.

고귀성으로서의 남성성

카빌 사회에서 남성 중심적 무의식의 충동에 주었던 '이상적' 조건들이 상당 부분 사라졌고 어느 정도 즉각적인 명백성을 잃었다 할지라도, 지배를 받치고 있는 메커니즘들 몇몇은 여성에서와 마찬가지로 남성에서도 생산하는 성향들과 사회 공간의 객관적 구조 사이에 설정된 되풀이되는 인과 관계로 여전히 작용하고 있다. 그 속에 그녀들이 내던져진 성적으로 위계화된 사회가 그녀들에게 전하는 지속적이고 조용하며 눈에 보이지 않는 명령들은, 명백한 질서 유지 명령과 마찬가지로 사물의 질서에 각인되어 있어서 신체의 질서 안에서 모르는 사이에 표현되는 자의적인 처방과 금지를 분명하며 자연스럽고 당연한 것처럼 받아들이도록 여성들을 준비시킨다.

가능하거나 개연적이거나 불가능한 동작과 이동을 점선으로 윤곽을 그리면서, 할 것과 하지 말아야 할 것을 지시하는 징

조나 기호로 점철되어 있는 것처럼 세상이 제시된다면, 사회적으로 또 경제적으로 차별화된 한 세계에 의해 제안된 '할 것' 하게 될 것'들은 상호 대치가 불가능한 x라는 행동자에게 전달되지는 않지만 각 행동자의 위치와 성향에 따라 특수화된다. 다시 말해 이것들은 **특정 범주를 위하여** 특히 **한** 남성을 위하여 혹은 **한** 여성을 위하여(그리고 이런저런 특정 조건에서) 할 것 혹은 할 수 없는 것, 당연한 것 혹은 생각도 할 수 없는 것, 보통의 것 혹은 기발한 것 식으로 제시되는데, 마르셀 모스(Marcel Mauss)가 말했을 '집단적 기대' 혹은 막스 베버(Max Weber)의 표현에서의 '객관적 잠재력'은 사회적 행동자가 매순간 발견하는 것으로, 그것을 잡기 위하여 통계의 도움을 받는다 해도 전혀 추상적인 것으로도 이론적인 것으로도 파악할 수가 없다. 그것들은 공공의 남성적 우주와 사적이고 여성적인 세계, 공공 장소(혹은 모든 위험이 있는 장소인 길거리)와 집안(광고와 유머 만화에서 집과 거의 관련 없는 이국적인 장소에 나타나는 남성들과는 달리, 여성들은 대개의 경우 가정이라는 공간에 끼워 놓는다는 것을 수없이 주목한 바 있다), 가죽을 씌우고 무겁고 각이 지고 침침한 빛깔을 띠고 있어서 강인함과 남성적 거친 이미지를 주는 앵글로 색슨족 남성 세계에서 볼 수 있는 바와, 클럽들처럼 특히 남성들을 위한 장소들과 부드러운 색채·실내 장식품·레이스 또는 리본들이 연약함과 하찮음을 상기시키는 소위 '여성적인' 공간이라는 대립의 형태로 친숙한 주변 환경의 외양 속에 등재되어 있다.

노동 구분이 지닌 대단히 강하게 성(性)화되어 있는 구조에 의해 여성에게 제공된 위치에서, 특히 함축적으로 각인되어 있는 '객관적 기대들' 속에 가족과 사회 질서에 의해 주입된 '여성적인' 성향들은, 그들이 열광하거나 정신이 나가 자신을 되찾고 동시에 잃어버리는 위치와 동일시된 그 위치의 소유자들에게서와 마찬가지로, 순종과 안전의 필요성을 호소하는 듯이 보이는 위치와 마찬가지로 기본적인 성의 이분법을 강화하는 데 기여하면서 완성되거나 번영할 수 있으며, 그와 동시에 보상될 수 있다. 우리가 '천직(天職)'이라고 일컫는 것에 대한 본질적으로 사회적인 논리는, 상징적 지배의 희생자들이 순종·친절·온순·성실·헌신이라는 부덕에 주어진 열등하거나 종속적인 역할을 **행복에 겨워**(이중의 의미로) 완수할 수 있도록 하는 성향과 위치들 간의 조화로운 만남들을 창출하는 효과를 갖는다.

사회적으로 성화된 리비도는 표현을 금지하거나 합법화하는 제도와 상통한다. '천직'들은 항상 직위가 **약속한 것**(예를 들어 여비서는 원문을 타이핑한다), 그리고 그 직위가 **허락한 것**(예를 들어 직장 상사에게 모성애적 태도를 보이거나 유혹의 관계를 유지한다)에 대한 다소 몽상적인 예상이다. 직위와의 만남은 직위가 구속하는 명시적이거나 함축적인 기대를 거쳐서 몇몇 기술적이고 사회적인, 그러나 또한 성적이거나 성적 암시를 갖는 행동을 허락하고 조장한다는 점에서 폭로의 효과를 가질 수 있다. 노동의 세계는 언제나 그렇게 해서 전문적인 작은 고립 집단(병원의 봉사, 정부의 부서 등)으로 채워져 있는데, 그 세계는 거의 언제나 남자인 업무장이 감정적으로 보호하거나, 혹은 유혹을 토대로 한 부성적 권위를 행사하며, 동시에 지나친 노동의 강도로 제도 안에서 벌어지는 모든 것을 떠맡으며, 원칙적으로 여성인 하위 직원(간호사·보조사·비서)에게 일반화된 보호를 제공한다. 그리하여 제도와 그 제도를 구현하는 사람으로부터 밀도 있는 때때로 병리학적인 포위를 하게끔 고무받는다.

그러나 이러한 객관적 기회들은 노동 구분의 위계적인 기호에서뿐만 아니라 성차의 가시적인 표출에서, 좀더 넓게 말하자면 지각할 수 없는 수많은 기억을 안고 있는 일상적 행위들, 무의미한 것, 모양에 관해 대단히 구체적이고 섬세하게 세부적인 내용까지 기억된다.[2] 그러므로 텔레비전에서 여성들은 거의 언

---

2) 여성화 비율의 형태로 기록한 통계의 모든 사회적 효과를 세부적으로 기술할 필요가 있다. 예를 들어 직업에 있어서의 여성화의 개념은 바람직함과 격조 높음으로 축소된다. (cf. J. C. Tonhey, 〈Effects of Additional Women Professionals on Rating of Occupational Prestige and Desirability〉, *Journal of Personality and Social Psy-*

제나 작은 역할을 맡는데, 그 역할이란 전통적으로 '약한 성'에 부여된 '안주인'의 기능의 변이체들이다. 또한 여성들이 뭔가 할 줄 아는 스스로의 가치로 인해 남성들로부터 도외시되지 않을 때조차도, 남성들은 농담과 어느 정도 근거 있는 환상에 의거한 채로 '짝'이라는 관계에 각인된 애매함들을 종종 행하는데, 여성들은 실력을 인정받고 발언권을 얻기에 어려움을 겪으며 흔히 '사회자' 혹은 '해설자'라는 상투적인 역할로 밀려난다. 공공의 토론에 참여할 때 그녀들은 끊임없이 대화에 끼이기 위하여 주의를 집중시키려고 투쟁해야 하며, 그녀들에게 과해지는 과소평가란 명시적인 악의에서 영향을 받는 것이 아니라 아주 순수하게 무의식적으로 행해질 정도로 확고부동한 것이다. 다시 말해 그녀들의 말을 차단하고, 그녀들이 막 제시한 지적인 질문에 대한 대답을 진지하게 남성에게 전달한다. (마치 그런 질문은 한 여성에게서는 나올 수 없다는 듯이.) 이런 종류의 존재 거부는

---

chology, 1974, 29(1), p.86-89.) **성비율**(sex-ratio)이 예를 들어 공식적인 프로그램 안에 명백하게 등재되지 않으며, 다양한 방식으로 주입된 성향의 전부를 획득하게 하면서 효력을 행사한다는 것에 대해서는 덜 알려져 있다. (cf. M. Duru-Bellat, 《여학교, 사회적 역할을 위한 형성 *L'École des filles. Quelle formation pour quels rôles sociaux*》, Paris, L'Harmattan, 1990, p.27.) 그리고 소녀들은 그녀들이 소수를 차지하는 기술 교육의 전공에 있어 덜 성공하는 경향을 보인다는 것까지 관찰할 수 있다. (cf. M. Duru-Bellat, *op. cit.*)

여성들로 하여금 인정받기 위해 종종 약자가 지니는 특징적 유형을 강화하게 만든다. 정당하지 않은 변덕이나 히스테리로 즉각 판단되는 감정 폭발, 그리고 이 존재 거부가 지배에 대한 승인의 형태를 토대로 하고 있다는 점에서 상징적 지배에 의해 세워진 관계를 강화하도록 조장된 유혹이 그것이다. 그래서 가장 호의적인 남성들은(우리가 알고 있듯이 상징적 폭력은 의식적인 의도의 질서 안에서 작용하지 않는다) 스스로에게 의문을 제기해 보지도 않고 권위적 위치에서 여성을 제외시키면서, 위로의 말 혹은 뺨을 토닥거려 주는 것으로 무마될 수 있는 변덕으로 그녀들의 요구를 축소시키면서,[3] 겉과 속이 다른 의도에서 머리 모양이나 이런저런 신체적 특징으로 주의를 돌리면서 '공식적 상황'에서(의사가 환자 앞에서) 친숙한 표현 방식(이름) 내지는 친밀한 표현 방식('자기' '다아링' 등)을 사용하는 사실 등을 통해, 그녀들을 일종의 여성성으로 축소시키면서 차별적인 행위들을 완수하는 모든 경우를 나열해 볼 필요가 있다. 그리하여 여성들의 축소된 상황들을 구축하는 데에 기여하는 무의식의 무한히 작은 '선택들'이 쌓이고 쌓여, 이 축적된 결과들이 특히 경제적

---

3) 다수의 의견들이 Nancy Henley가 '만짐의 정책'이라 부른 것, 다시 말해 신체적 접촉의 용이성과 빈번도(뺨을 두드리고, 어깨나 허리를 껴안는 것)에 있어 남성과 여성 사이의 불균형을 지적했다.

이고 정치적인 권력의 위치에 관한 한 여성들의 대단히 빈약한 재현의 통계 안에 등재되어 있다.

실상 남성성을 고귀성에 비교하는 것은 지나친 일이 아니다. 이를 납득하기 위해서는 앵글로 색슨인들이 말하듯 남성적 그리고 여성적인 활동들의 평가에 근본적인 비대칭을 세워 놓은 **이중 기준**의 논리, 카빌인들에게 잘 알려진 논리를 주목하는 것으로 충분할 것이다. 체통을 손상시키지 않고서는 남성은 사회적으로 하위직으로 지정된 어떤 역할에 자신을 낮출 수 없을 뿐 아니라(여러 이유로 남성이 그런 역할을 행할 수 있다는 사실이 배제되어 있기 때문에), 그러한 동일한 역할들이 남성들에 의해 실현될 때에는 고귀하고 어려운 일이 될 수 있으며, 여성들에 의해 실현될 때에는 무의미하고 대수롭지 않으며 쉽고 하찮은 일이 될 수 있다. 남자 요리사를 여자 요리사와 달리 취급하고, 남자 재단사를 여자 재단사와 분리하는 차이가 그것을 상기시키듯이, 그 역할들이 고상해지고 변모하기 위해서는 남성들이 여성적이라 일컬어지는 역할을 독점하고 사적인 영역 밖에서 성사시키는 것으로 충분하다. 다시 말해 마르그리트 마루아니(Margaret Maruani)가 주목하듯이 "노동이라는 것은 남성들에 의해 실현되는지 여성들에 의해 실현되는지에 따라 항상 다르게 수행된다." 만일 질적으로 수준급이라고 말해지는 직업들이 남성들에게 맡겨지는 반면 여성들에게 맡겨진 일들은 '질적 수준 무'라는 통계가 나온다면, 그것은 직업이라는 것이 어떤 것이던 간에 어느 정도 남성들에 의해 완수된다는 사실로 인해 웬만큼 질적 수준을 유지하기 때문이다. (이런 점에서 볼 때 남성들은 원래 유능하다는 것이다.)[4] 펜싱의 완벽한 단련이 검(épée)이라는 고귀성의 문을 평민에게 열어 줄 수 없었던 것과 마찬가지로, 여성의 출판업으로의 진출은 남성들로부터 엄청난 저항을 받았고, 높은 지적 수준으로 인정된 노동의 직업적인 신화 속에서 위협받았던 여자 식자공들은 같은 **일**을 해도 남자 식자공들과 커튼으로 분리되어 그들과 동일한 **직업**을 수행하는 것으로 인정받지 못했다. "그녀들이 무엇을 하던지 간에 여자 식자공은 타자수이고, 그래서 어떤 자격도 얻지 못한다. 교정자들은 무엇을 하던지 간에 서적의 전문가들이고, 그래서 상당히 인정을 받는다."[5] 질적 수준을 인정받기 위한 여성들의 길고 긴 투쟁 이후 테크놀로지의 변화가 남성과 여성 사이에 근본적으로 재분배하였던 역할들은, 남성적 노동의 상위적 가치를 결정적으로 유지하면서 여성적 노

---

4) M. Maruani et C. Nicole, 《부녀자들의 노동. 남성적 직업과 여성적 직업 *Au Labeur des dames. Métiers masculins, emplois féminins*》, Paris, Syros/Alternatives, 1989, p.15.

5) *Ibid.*, p.34-77.

동을 초라하게 하는 식으로 자의적으로 재구성될 것이다.[6] 여자
는 집 밖에서는 전혀 내색하지 않고 "마치 정액 속의 파리처럼
바깥으로 전혀 드러나지 않게"[7] 집 안에서 동분서주하도록 되어
있어서, 그녀들의 실제 기능에 대응하는 수준에 맞는 자격을 갖
고 있는 경우가 드물다는 사실이 이를 증명하듯이, 여성들의 노
동은 변한 겉모습을 하고 있다 해도 근본적으로는 눈에 띄지
않게 지속되게끔 운명지어져 있는 카빌식의 원칙을 우리는 보
았다.

　　그녀들이 요구하는 주관적인 희망을 통해 긍정적이든 부
정적이든 '집단적 기대'는 항구적 성향의 형태로 신체 안에 등
재되려는 경향이 있다. 그리하여 희망으로부터 행운으로, 기대
로부터 가능성으로 조정되는 보편적 법칙에 의하면 성화된 세계
의 연장되고 눈에 띄지 않게 훼손된 경험은 여성으로 하여금 용

---

6) 임의적 차이들의 항구화는 남성적이며, 귀하게 여겨지는 뜨거운 부분(화
덕과 제조)과 덜 귀하게 여겨져 여성들에게 내맡겨진 차가운 부분(감시, 골라
내기, 포장) 사이의 분리를 보여주는 유리 공업의 경우에서 보듯이(H. Sumiko
Hirata,《산업 조직의 패러다임과 사회적 연관. 브라질-프랑스-일본의 비교 *Paradigmes
d'organisation industriels et rapports sociaux. Comparaison Brésil-France-Japon*》, Paris, IRESCO,
1992), 뜨거운 것과 차가운 것 사이의 신화적 관점이 보여주는 오래된 분리를
예로 들 수 있다.
7) P. 부르디외,《실천 감각》, *op. cit.*, p.450.

기를 잃게 함으로써 여성들에게서 기대되지 않는 행위들——그녀들에게 거부되지조차 않은 채——을 완수하려는 성향 자체를 시들게 하지도 않는다. 성의 변화로 이어지는 성향의 변화에 대한 증거가 잘 보여주듯이 그러한 경험은 '터득된 무력감 (learned helplessness)'을 드러낸다. 다시 말해 "여자로 취급받으면 받을수록 나는 점점 여자가 되었다. 좋던싫던 나는 적응했다. 남들이 나를 자동차를 후진시킬 줄도 모르고 병마개도 딸 줄도 모른다고 여길 때, 이상하게도 나는 그것을 할 수 있는 능력을 상실했다고 느꼈다. 여행 가방이 내가 들기에는 너무 무겁다고 남들이 생각한다면 나 역시 그렇게 생각한다."[8] 여성에 대하여 너무도 재빠르게 지속적으로 작용하여, 결국은 완벽하게 눈에 띄지 않게 되어 버린 뒤집혀진 혹은 부정적인 일종의 피그말리온 효과에 대한 비교에 의해 가능해진 훌륭한 상기였다. (부모들·교수들·동료들이 몇몇 교육 과정, 특히 기술이나 과학 과정에 흥미를 지닌 여학생들의 성향에 대해 용기를 꺾는——또는 '용기를

---

8) "The more I was treated as a woman, the more woman I became. I adapted willy-nilly. If I was assumed to be incompetent at reversing cars, or opening bottles, oddly incompetent I found myself becoming. If a case was thought too heavy for me, I found it so myself." (J. Morris, *Conundrum*, New York, Harcourt, Brace, Jovanovich, 1974, p.165-166.)

주지 않는'——태도를 예로 들고자 한다. 즉 "교수들은 그녀들이 더 약하다고 말하고, 그래서 그녀들은 그렇게 믿게 된다." "과학 과정은 남학생에게 더 쉽다고 우리에게 항상 되풀이해서 말한다. 그래서 어쩔 수 없이…….") 이런 논리는 '기사도적인' 보호라는 것이 여학생들의 격리로 이어지거나, 그것을 증명하는 데에 이용될 수 있을 뿐만 아니라 "이 세상의 현상들은 여성들을 위해 만들어지지 않았기 때문에" 그것들을 위해 만들어지지 않은 여성들을 그 현상들과의 접촉으로부터 떼어 놓는 데에도 기여할 수 있다는 것을 우리는 안다.

사물의 질서 안에 새겨진 모든 기억들, 모든 조용한 명령들, 혹은 세상의 정상적인 진행에 내재된 은연중의 협박들은 영역에 따라 분명 특수해지며, 성차는 특이한 형태를 예로 들어가며 통용되고 아무도 성화된 것으로 이해하지 못해서 문제삼을 생각도 못하는 **실천의 지배적인 정의**를 거쳐 여성들에게 제시된다. 지배자들의 특성은 개별적인 태도를 보편적인 것으로 인식시키려는 데에 있다. 우수성에 대한 정의는 모든 분야에서 그 자체로 드러내 보이지 않으려는 개별성을 지닌 남성적 귀결들을 책임지고 있다. 직위에 대한 정의, 특히 권위의 정의는 모든 종류의 성적으로 함축된 능력과 태도를 포함한다. 즉 많은 지위들이 여성들이 차지하기에 그토록 어렵다 한다면, 그 지위들의 남성성이 오늘날의 여성들에 상반되어 구축된 남성들에 맞추어 만들어졌다는 사실 때문이다. 한 지위를 차지하는 데 완벽하게 성공하기 위해서 여성은 직위가 명시적으로 요구하는 것뿐만 아니라 남성 점유자들이 평상시 직위에서 중시하는 특징 전부를, 즉 몸집, 음성, 공격성, 확신, '역할에 맞는 거리감', 자연적이라고 일컬어지는 권위와 같은 성향들을 가져야 하는데, 이러한 것들에 남성들은 이미 준비되어 있으며 암암리에 훈련되어 있다.

달리 말하자면, 여성들을 겨냥한 규범들은 보편적인 어떤 것도 지니지 않는다. **보편주의적**이라 불리는 페미니즘은 지배의 결과에 대해, 지배자의 표면적 보편성이 피지배자와의 관계에서 필요로 하는 모든 것——남성성에 접하는 모든 것——에 대해 무지하기 때문에 여성과 대립하여 구축된 남자다운 남성의 역사적 특징들을 인간의 보편적 정의 안에 새겨 놓는다. 그러나 **차별주의**라 불리는 관점은, 그 역시 지배적인 정의가 지배의 역사적 관계와 이를 구성하고 있는 차이에 대한 연구(남성성 아니면 비여성성이란 결국 무엇인가?)에 의거하고 있는 것을 무시하기 때문에 여성적 경험을 재평가하려는 우려에서 본질주의의 느슨한 형태를 벗어나지 못한다. 즉 생고르[Senghor; 세네갈의 대통령(1960-1980년 사이)이자 시인]식의 흑인 특성이 감수성 같은 흑인에 대한 주된 인식이 지닌 몇몇 특징을 수용하였듯이, 차별주의의 관점은 피지배자를 향한 지배자의 관점을 취할 때에만 '차이'가 발생하며, 그 관점이 스스로를 구별시키려는 현상 자체가(예컨대 초도로우(Chodorow)처럼 남성적 **분리**에 대립하여 **관련된 것**을, 혹은 페미니스트적 글쓰기에 대한 몇몇 변호사들처럼 신체에 대한 특수한 연관성을 높이 내세우면서) 차별화의 역사적 관계에서 온 산물임을 잊고 있다.

지각된 존재로서의 여성

여성 아비투스의 발생에서, 그리고 그 활동의 사회적 조건들에서 모든 것은 신체에 대한 여성의 경험으로부터 타인을-위한-신체의 보편적 경험이 지닌 한계를 만들도록 몰고 가는데, 신체는 타인의 시선과 말에 의해 이루어지는 객관화에 끊임없이 노출되기 때문이다. 자신의 신체와의 연관성은 자기 평가에 의해 정해진 정도와 결합된 '신체의 이미지' 즉 주관적 재현(**스스로의 이미지, 또는 거울에 비친 자신**)이 귀착되지 않는다. 이 '신체의 이미지'는 행동자가 사회적 효과에서(유혹, 매력 등을 통해) 얻어서 타인들(부모, 동료 등)에 의해 되돌려받은 묘사적이고 규범적인 **피드백**, 즉 신체의 객관적 재현으로부터 근본적으로 이루어진다. 이런 유의 모델은 모든 사회적 구조가 상호 작용의 중심에서 상호 작용을 하고 있는 행동자들의 신체 안에 등재된 지각과 평가 표상의 형태로 현존한다는 것을 잊고 있다. 한 집단이 기본 구조들(큼/작음, 강함/약함, 뚱뚱함/호리호리함 등)을 위탁한 이런 표상들은 애초부터 행동자와 신체 사이에 개입하는데, 그것은 신체가 타인들에게 야기한 반응 혹은 재현과 그 반응에 고유한 지각이 표상에 따라 스스로 구축되기 때문이다. 다시 말해 큼/작음, 그리고 남성적인 것/여성적인 것의 대립에서 출발하여 생산된 반응("그 애는 여자치고는 너무 커." "그건 여자아이에겐 힘겨운 일인데." 혹은 카빌 속담의 변형인 "남자아이에게는 별일 아니야." 다시 말해 "남자에게 흠이 될 것은 결코 없다" 등의 판단들처럼)은, 신체를 향해 자신에 의해 되돌려짐으로써 동일한 반응을 생산하게 될 관련 표상을 획득하고, 그 표상들이 마련한 본래의 신체로부터 실천적 경험을 겪게 되는 기회이다.

그리하여 지각된 신체는 사회적으로 이중으로 한정된다. 한편으로 신체는 그것이 지니고 있는 외양상 자연스러운 것(덩치·키·무게·근육 등) 안에서까지 노동 조건(특히 기형, 그로 인한 직업병도 아울러)과 음식 아비투스와 같은 여러 매개물을 거쳐서 생산의 사회적 조건에 좌우되는 사회적 산물이다. 신체의 순수한 육체적 구조('육체')와 신체를 간수하는 법, 자세, 몸가짐을 동시에 포함하고 있는 신체적 **적성**(hexis)은 실천적인 또는 합리화된 지식을 생성하는 '육체'와 '정신'의 대응에 관한 전제에 따라 '심오한 존재' '인물'의 '성격'을 진실로 표현한다고 간주된다. 이 전제는 '심리적'이고 '정신적'인 특성들을 신체적 혹은 관상학적 표시에 결합하도록 허용한다. (남성의 가늘고 날씬한 몸은 육체적 욕구에 대한 자제력의 기호로 지각되는 경향이 있다.) 그러나 가장 잘 숨겨진 것과 가장 진실한 것을 동시에 배신한다고 여겨지는 자연적인 언어는, 실상 예를 들자면 자연적이라고 일컬어지는 '저속성' 혹은 '품위'의 형태로 순화된 사회적 정체성의 언어인 것이다.

또 다른 한편 이러한 신체적 특성들은 평가 행위에서, 그 사용이 사회적 공간에서 차지하고 있는 위치에 좌우되는 지각 표상을 통해서 이해된다. 다시 말해 적용중인 분류법들은 지배자들, 그리고 피지배자들에게 가장 흔한 특성들(마름/살찜, 큼/작음, 우아함/거침, 가냘픔/묵직함 등)의 서열로 놓으면서 대립하는 경향이 있다.[9] 애당초 각 행동자가 염두에 두어야 하는 신체의 사회적 재현은, 사회적 분류법이 적용되는 신체의 원칙과 똑같은 원칙을 갖는 사회적 분류법을 적용함으로써 얻어진다.[10]

---

9) Dominique Merllié, 남성적 글쓰기의 차이에 대하여와 여성적 글쓰기의 차이에 대하여 소년과 소녀가 갖고 있는 차별 개념을 분석에 의해 드러내 보인 것이 바로 이러한 종류의 메커니즘이다. (cf. D. Merllié, art. cit.)
10) 그리하여 만약 사회적 계승 논리에 비해서 생물학적 계승 논리가 지닌 자율성이 경제적으로나 사회적으로 가진 것 없는 자들에게 이따금 예외적으

그래서 사르트르가 말하고자 한 것과는 달리 시선은 객관화라는 보편적이고 추상적인 단순한 권력이 아니다. 그것은 상징적 권력이며, 그 효율성은 지각하는 사람과 지각되는 사람의 상대적 위치에 따라 좌우되며, 활동하는 지각과 평가 표상들이 적용되는 사람들에게 알려지고 파악되는 정도에 의해 좌우된다.

　신체의 실천적 경험은 사회적 구조의 합일에서 나온 기본적 표상에 스스로 적용하는 데서 생성되며, 동일 표상들에 따라 생성되고 신체가 타인들에게 야기하는 반응에 의해 지속적으로 강화된 것으로, 이는 행동자의 신체에서 지속할 수 있는 연관성을 지닌 각 행동자로의 구축 원칙 중 하나이다. 다시 말해 신체를 지탱하고 타인들에게 신체를 내보이는 이런 특별한 방식은 무엇보다도 실제로 증명된 신체와 합법적 신체 간의 거리를 표현하며, 동시에 기회를 한정하는 데에 기여하는(보장·자기 신뢰·편안함처럼 공통적으로 묘사된 특징에 의해) 상호 작용의 성공이라는 기회의 실천적 예상을 표현한다. 타인의 시선과 반응이

───────────────

로 아름다움(이것이 기존 질서를 위협하기 때문에 우리가 '숙명적'이라 부르는) 같은 귀한 신체적 특질을 제공하지 않는다면, 그리고 반대로 유전학적인 사건이 아름다움과 큰 키 같은 신체적 특성상 '위대한' 것을 때때로 빼앗지 않는다면, 신체는 사회적 공간 안에서 그들 보유자의 위치에서 엄격하게 배분된 값을 받을 수밖에 없을 것이다.

강요하는 신체와의 실제 연관성과 사회적으로 요구된 신체 사이의 부조화가 큰 만큼 거북함·수줍음·수치심과 같이 신체가 불편함('소외된 몸'이 갖는 경험의 형태)을 느낄 수 있는 개연성이 강해지는데, 그 개연성은 사회적 공간에서의 위치와 성에 따라 매우 다양하게 변화한다. 그리하여 큰 것과 작은 것의 대립은 행동자가 그들의 몸이 행하는 실천적 용도로부터, 특히 그 실천에 부여하는 자리로부터 얻는 경험의 기본 원칙 중 하나[11]이며(지배자의 위치를 남자에게 부여하는 공동의 재현, 감싸고 감시하고 위에서 내려다보는 보호자의 재현 등)[12] 이런 대립을 통해 사고된 그 자체로의 성들에 따라 특이성을 갖는다. 사회적 공간의 중심에서 지배자와 피지배자 간의 관계에서도 주목되며, 양자 사이에 동일한 대립을 조작하도록 하지만 **대립시키는 항목들에게 상반되는 가치를 제공하는 논리**에 따르자면, 시모어 피셔(Seymour Fisher)가 지적했듯이 남성들이 '너무 작다'고 판단하는 신체 부분에 대해 불만족을 표하는 데 비해 여성들은 '너무 크게' 보이는 신체

---

11) Cf., 이 점에 대해서는 S. Fisher et C. E. Cleveland, *Body Image and Personality*, Princeton, New York, Van Nostrand, 1958년을 볼 것.

12) 광고에 표현된 보호적 포장의 연구에 대해서는 cf. E. Goffmann, 〈여성성의 제식화 La ritualisation de la féminité〉, *Actes de la recherche en sciences sociales*, 14, 1977, p.34-50.

부위에 대한 비난을 감수한다.

여성들을 그 존재(esse)가 지각된 존재(percipi)인 상징적 대상으로 구축하는 남성 지배는 신체적 불안전이라는, 혹은 상징적 의존이라는 항구적 상태에 그녀들을 자리잡게 하는 효과를 갖는다. 즉 여성들은 우선 타인의 시선을 위해, 상냥하며 매력적이고 항상 대기하고 있는 **대상**으로 존재한다. 사람들은 그녀들에게서 '여성적'이기를 기대하는데, 즉 미소짓고 호감을 주며 친절하고 다소곳하며 사려 깊고 신중하며 나서지 않기를 기대한다. 소위 '여성성'이라는 것은 종종 실제로든 전제되든 남성의 기대에 대해, 특히 에고(ego)의 확대에 대해서 교태와 다름이 없다. 그 결과 타인들에 대한(남성만이 아니라) 의존 관계가 그들의 존재를 구성하는 경향이 있다.

이런 **타율성**(hétéronomie)은 때로는 아양처럼 보이는, 주의를 끌어 환심을 사려는 욕망과 같은 성향 원칙이자 많은 사랑을 기대하는 경향인데, 사랑이야말로 사르트르가 말했듯이 자신의 존재, 자신의 신체가 지닌 가장 사소한 특징들 속에서 인정받으려는 감정을 일으킬 수 있는 유일한 것이다.[13] 타인의 시선

---

13) 여성이 이른바 낭만적이고 소설적인 사랑에 각별히 쏠린다면, 그것은 분명 한편으로 그녀들이 거기에 각별한 이해 관계를 가지고 있기 때문이며,

아래에서 끊임없이 여성들은 속박된 실제의 신체와, 긴장을 풀지 않고 다가가려고 노력하는 이상적인 신체 사이의 괴리를 지속적으로 느낄 수밖에 없다.[14] 자신을 지키기 위해 타인의 시선을 필요로 하면서, 그녀들은 실천 속에서 신체적 외모, 신체를 유지하고 드러내는 방식이 받게 될 값어치에 대한 예측된 평가에 의해 지속적으로 영향을 받는다. (이로부터 신체적인 불편함이나 수줍음의 형태로 사회적 판단에 대한 자기 비방과 합일에 어느 정도 표시되는 성향이 생기는 것이다.)

여성들이 상징적 포기의 극단적인 형태에 도달하는 것은, 사회적 공간에서의 위치로 인해 사회적 시선에 우려되는 모든 결과에 특별히 노출되어 있는 소시민 사회 안에서이다. (이것은 사회적 위치의 결과들이 어떤 경우에서는 여기서처럼 젠더의 결과들을 강화할 수 있고, 다른 경우에는 그 결과들을 약화시키고 영원히

더구나 그 사랑이 남성 지배로부터 그녀들을 해방시켜 주고 남성적 사회에서 그녀들을 아래서부터 위로 끌어올려 주는 결혼과 더불어 가장 평범한 형태로 주어지기 때문일 것이다.

14) 많은 시간과 돈과 에너지를 흡수해 가는 화장술은 (계층에 따라 다르지만) 미국에서 거대한 산업이 되어 버린 성형 수술에서 그 한계를 발견한다. (매해 1백50만 명이 성형 수술을 받는다——cf. S. Bordo, *Unbearable Weight, Feminism, Western Culture and the Body, Berkeley*, University of California Press, 1993, p.25.)

말소할 수도 있다는 것을 말한다.) **반대로** 스포츠의 집중적 실행은 여성의 신체에 주관적·객관적인 경험의 심각한 변형을 야기한다. 즉 오로지 타인을 위해, 거울을 위해서(자신을 보기 위해서일 뿐만 아니라 어떻게 보여지는지 보려 애쓰고, 또 보여지기 바라는 대로 보여지도록 하는 도구) 존재하기를 그치고, 오로지 보여지기 위해 만들어진 물건 혹은 보여지도록 준비할 목적으로 보아야 할 물건이기를 그침으로써 타인을 위한 신체에서 스스로를 위한 신체로, 수동적이고 움직여지는 신체에서 능동적이고 움직이게 하는 신체로 전환된다. 그런데 항상 대기 상태라는 무언의 관계를 깨고, 그들의 신체적 이미지와 신체를 되찾은 여성들은 남성들의 눈에는 비'여성적'으로, 나아가 레즈비언처럼 보인다——매우 유사한 결과를 만들어 내면서 신체적 표출에서도 읽을 수 있는 지성적 독립의 확립인 것이다.[15] 좀더 일반적으로 말하자면, 권력에의 편승은 그것이 어떤 것이든 간에 여성들을 **이중적 속박**의 상황에 놓이게 한다. 즉 여성들이 남자처럼 행동하면 '여성성'에 꼭 필요한 속성들을 잃는 위험에 처하며, 권력의 위치에서 남성들이 당연히 갖는 권리에 문제를 제기한다. 그리고 그녀들이 여자처럼 행동하면 상황에 적응하지 못하고 대처할 능

---

15) Cf. C. A. MacKinnon, *op. cit.*, p.121 이하.

력이 없는 것으로 본다. 이런 모순된 기대들은 여성들이 환심을 사고 유혹하기 위해 모든 것을 조작하도록 유도되는 동시에, 남성 시선의 심판에 선결하는 이런 종류의 순종이 야기하였다고 보일 수 있는 유혹의 술책들을 밀쳐 버리라고 독촉당함으로써, 그녀들이 상징적 부의 시장에 제공된 대상으로서 구조적으로 노출된 기대들의 바통을 이어받도록 할 뿐이다. 폐쇄와 개방, 절제와 유혹이라는 이런 모순적 결합은 무의식적이거나 흥미로운 해석의 오류를 범할 수 있는 남성들의 평가를 따르는 것만큼이나 실현하기 어렵다. 그러므로 한 여성 제보자가 관찰했듯이, 성적인 농담 앞에서 여성들은 제외되든지 합류하려고 수동적으로 끼어드는 것밖에는 다른 선택의 여지가 없는데, 그녀들이 남녀차별주의(sexisme)나 성희롱의 희생자가 될지언정 더 이상 저항할 수 없는 상황에 스스로를 노출시키게 되는 셈이다.

산드라 리 바트키는 신체에 대한 여성 경험에 대해 가장 날카로운 묘사를 하였는데, 필자의 생각으로는 그녀가 '자신의 신체에 대한 심한 불안감'과 '신체적 수치감의 예민한 감정'을 가지고 있는 여성이 되는 것을 '미적 유행 콤플렉스(fashion beauty complex)'가 갖는 유일한 행위에다, 물론 매우 중요한 행위이기는 하지만, 그 탓을 돌린 것은 잘못된 것이라고 본다.[16] 이런 관습의 결과가 부정할 수 없는 것이라면 지배자의 범주, 다시 말해 남성적 범주를 거쳐 지각되도록 운명지어진 존재라는 위치에 여성을 세워 놓는 기본 관계의 결과를 강화하는 것만이 문제일 수 있다. 그리고 여성 욕망의 피학대증적 영역을 이해하려면, 산드라 리 바트키가 말하듯 "많은 여성들에게 남성들이 지닌 지배적 위상은 자극이 된다"[17]라는 사실을 만들어 놓는 "지배의 사회적 관계의 에로틱한 표현"[18]을 이해하기 위해서는, 여성들이 남성들에게(그리고 이차적으로 '미적 유행 콤플렉스'의 관습에) '신체적 결함의 감정'을 감소시키기 위한 구실을 달라고 요구한다고 가정해야 한다. 따라서 강자들의 시선은 특히 다른 남성들에 대해 권위를 행사하기 때문에 이러한 재보장의 기능을 완수하기에 각별히 적합하다는 점을 상상해 볼 수 있다.[19]

---

16) S. Lee Bartky, *Feminity and Domination, Studies in the Phenomenology of Oppression*, New York-London, Routledge, 1990. p.41.

17) *Ibid.*, (《*For many women, dominance in men is exciting*》), 그리고 p.47.

18) *Ibid.*, p.51.

19) 지배자는 스스로의 관점을 마치 객관적이고 집단적인 것처럼 강요하거나(말을 탄 동상이나 위엄을 갖춘 초상화에 의해서 재현된다), 사랑이나 믿음에서처럼 그들이 객관화라는 타고난 권력을 물려준 다른 관점들을 획득하는 권력을 갖는다. 그렇게 함으로써 그는 외부 세계와 상관없이 그가 존재하는 대로 존재함을 온전히 인정받는 절대적인 주체로 스스로를 이룬다.

남성의 관점에 대한 여성의 관점

구조는 지배 관계의 두 항목에 제약을 강요한다. 즉 마르크스의 말을 빌리자면 '지배자 자신들은 지배에 의해 지배됨으로써' 지배자는 지배로 인해 이득을 볼 수 있는 지배자 자신들에게 제약을 강요한다. 큰 것과 작은 것의 대립과 연결된 모든 유희가 충분히 보여주고 있듯이 지배자들은 그들 스스로에, 다시 말해 그들의 신체와 모든 속성, 하는 일, 즉 엄청난 요구들을 생성하는 무의식의 표상들――자신보다 작은 남편을 원치 않는 여성들이 예상하고 무언중에 이해하듯이――에 전념하지 않을 수 없다. 그러므로 그것이 지닌 모순 안에서 지배의 남성 경험을 분석해야만 하는데, 그러기 위해서는 《자기만의 방》 혹은 《3기니》 등 무척 많이 인용된 페미니즘의 고전을 쓴 작가로서보다, 오히려 글 쓰는 작업에 의해 발전한 병력구술(炳歷口術) 덕분에 지금까지도 이론서에서 다루어지는 한 예로 성·재물·권력에 관한 상투적 표현에서 벗어나 두 성의 관계를 환기해 보게 하는 《등대로의 산책》을 쓴 여류 소설가 버지니아 울프를 참고할 필요가 있다.[20] 우리는 이 이야기의 배경에서 이런 종류의 실망스런, 승리감에 찬 무의식 속에서 모든 남성이 자신의 유아적 사고의 수준에 머물러 있기 위해 기울여야 하는 충분히 비장한 노력 그 자체에 대해, 특별히 명철한 여성적 시선의 명석한 환기를 발견할 수 있다.

버지니아 울프는 소설의 첫 페이지부터 이런 불안하고도 너그러운 투시력을 상기시킨다. 남편이 들었을까 봐 두려워하는 램지 부인과는 달리 대부분의 독자들, 특히 남성 독자들은 처음 읽을 때 램지 부인이 처한 기묘하고도 조금은 어처구니없기까지 한 상황을 이해하지도 눈치채지도 못할 수 있다는 것은 사실상 가능하다. 즉 "의식이 반쯤 깨어나 몽유병 환자의 외침과 유사한 갑작스런 격렬한 외침, '총알이나 포탄, 또는 맹렬한 돌풍'과 같은 무언가를 분간하게 했던 그런 외침이 엄청난

---

20) 버지니아 울프는 문학에 대한 지식을 가진 사람들을 놀라게 할 모순과 진리에 대한 그녀 스스로의 방식, 즉 대단히 고지식한 관점을 의식하고 있었다. ⟨I prefer, where truth is important, to write fiction⟩(V. Woolf, *The Pargiters*, New York, Harcourt, Brace, Jovanovich, 1977, p.9.) 아니면 또 ⟨Fiction here is likely to contain more truth than fact⟩(V. Woolf, *A Room of One's Own*, London, Leonard and Virginia Woolf, 1935, p.7.)

강도로 그녀의 귓속에서 울렸고, 남편이 하는 말을 들은 사람이 아무도 없는지 살피도록 그녀를 매우 불안하게 만들었다."[21] 그리고 몇 페이지 뒤에 램지 씨가 릴리 브리스코우와 그의 친구 등 다른 등장 인물들로 인해 놀랐을 때, 독자들이 그가 왜 그랬는지 더욱 이해하지 못한다는 것 역시 가능한 일이다. 여러 등장 인물들이 지녔을 수 있는 다른 관점을 통해서 독자들은 서서히 램지 씨의 행동과 거기에 대한 그녀의 불안을 이해할 것이다. 즉 "스스로에게 말하고 시구를 읊는 그의 습관이 점점 더 깊어졌고, 그녀는 그것을 두려워하였다. 그로 인해 당혹스런 상황이 벌어졌다."[22] 소설의 첫 페이지에 남성적이고 부성적인 면모를 지닌 훌륭한 인물로 등장한 램지 씨는 유치한 일을 저지른 현행범으로 다루어진다.

등장 인물의 모든 논리는 이렇게 겉으로 드러나는 모순 안에 자리잡고 있다. 벤베니스트(Benveniste)가 《인도·유럽 사회의 제도·문화 어휘 연구》에서 상기시켜 준 고대의 왕과 같은 램지

---

21) V. 울프, 《등대로의 산책》, *op. cit.*, p.24. 소설을 읽으면서 그것을 발견하지 못하고 조금씩밖에 이해하지 못한다 해도, 학생들과 동료들에게 둘러싸인 교사 램지 씨가 테니슨의 〈경기병 기병분대의 의무〉라는 제목의 유명한 시를 큰 소리로 낭독하는 중에 놀랐다는 사실을 알아야 한다.
22) *Ibid.*, p.87.

씨는, 말이 곧 심판인 그런 인물이다. 그리하여 말 한마디로 여섯 살난 아들 제임스의 다음날 등대로의 산책에 대한 '더할 나위 없는 기쁨'을 허사로 돌려 놓는다. (아버지는 거실 창문 앞에 멈춰 서서는 "그런데 날씨가 좋지 않을걸"이라고 말한다.) 그의 예견들은 그 자체로 검증될 수 있는 강한 의미, 다시 말해 진실이게끔 하는 힘을 가지고 있다. 그의 예견들은 기묘하게 축복이나 저주 같은 힘을 발휘하여 예견한 일이 일어나게 한다든지, 혹은 지극히 의심스런 효과에 의해 세상에다 분별력을 가져다 줄 능력이 있는, 학문과 지혜에 대한 합리적이고 이성적인 말로 자연적이거나 사회적인 자연에 대한 법칙의 힘을 분별력과 경험의 법칙으로 전환하면서 확대시키는 능력을 지닌다. 초능력자의 예감에 접근할 수 있는 기호들 안에서 알려져 있는 것을 말하는 것이다. 과학의 예견, 아버지의 예언이 지닌 명령적 확언은 미래를 과거로 밀어보낸다. 지혜의 선견지명은 여전히 비현실적인 미래에다 경험과 그 예상이 내포하는 절대적 순응주의의 제재를 가한다.

　가정 내부에서 합법적인 상징적 폭력(성의 권력뿐만 아니라)의 독점권을 쥐고 있는 사람의 중계에 의해 법칙의 구현으로 이끌리는 심신 활동이 이루어진다. 아버지의 발언은 제도·사령권의 마술적 효과를 지니는데, 그것은 아버지의 발언들이 프로이트가 말하듯이 글자 그대로 은유를 취하는 신체에 직접 말하기 때문이다. 따라서 '소명 의식'이 실제로 접근할 수 있는 장소에 놀라울 정도로 조정되는 듯하다면(성, 출생 신분, 또는 많은 변수에 따라), 그것은 분명 소명 의식이 쾌락의 자의성만을 따르는 것처럼 보일 때조차도 말과 그것을 형성하는 데에 크게 기여하는 **부권**(paterna potestas)의 판단이 필요의 불신에 의해, 스스로 형성되고 쾌락의 원칙을 위해 현실의 원칙을 갖게 되는 한 인물에서 비롯한다는 사실과 깊은 관련이 있다.

사물의 질서에 무조건적으로 동의하는 아버지의 엄격성은 어머니의 이해심과 대립하는데, 후자는 믿음이라는 순수한 행위에 근거해서 필연성을 부정하고 우발성을 긍정하기 때문에 아버지의 결정에 반박하며——"그렇지만 날씨가 좋을 **수도 있어요**, 나는 날씨가 좋을 거라 **믿어요**"[23]——욕망과 쾌락의 법칙에 확실성의 동의를, 그러나 현실의 법칙에 이중의 조건적 양보로 중첩된 동의를 부여한다. 다시 말해 "그래, 물론 내일 날씨가 좋다면 말이다"라고 램지 부인은 말한다. 그리고 "당신들은 내일 새벽에 일어나야 할 거예요"라고 덧붙인다. 아버지의

---

23) *Ibid.*, p.11.(필자의 강조)

아니다(non)는 거론될 필요도 없고, 따짐을 받을 필요도 없다. 즉 이성적인 존재에게는("잘 판단하거라." "더 크면 이해하게 될 거야.") 사물의 강한 힘 앞에서 아무 말없이 고개를 숙이는 것 이외에는 달리 선택할 길이 없다. 아버지의 말이 두려운 미래를 쫓아버리기 위해서 그 두려운 미래를 상기시키고("넌 일을 망치고 말거다." "넌 우리 모두의 얼굴에 먹칠을 할 거다." "너는 대학입학자격증을 결코 따지 못할걸." 등등), 그리고 사실에 의한 확인이 돌이켜보는 승리감을 맛볼 기회("내가 너에게 그렇다고 벌써 말했었잖니"), 즉 빗나가지 않았다는 실망에서 온 고통의 불쾌한 대가("너 때문에 내가 거짓말을 하는 꼴이 될 거라고 생각했었다")를 제공하는 예방적 예언의 논리에 자리잡고 있을 때, 그것은 무자비한 우려 속에서 가장 무서운 것이 된다.

다시 말해 그것은 저항 없이 얻은 체념적인 공범성의 연약함, 그래서 **환멸을 느끼는**, 즉 그 자신이 지니는 스스로에 대한 실망·체념·좌절을 공유하도록 하는 잔혹한 쾌락에 대해 만족하고 자랑하는 아첨의 연약함이다. "만일 제임스가 손 닿는 곳에 아버지의 가슴을 찌르고, 그 자리에서 죽일 수 있는 도끼나 부지깽이 같은 어떤 무기가 있었더라면 그는 단번에 그렇게 했을 것이다. 램지 씨가 그의 아들을 실망시키고, 모든 점에서 (제임스의 눈에는) 그보다 1만 배나 월등한 그의 아내를 조롱하는 쾌락뿐만 아니라, 자신의 판단에 대한 **정확성**에서 끌어낸 비밀스런 자만심에서 비롯된 빈정대는미소를 띠고 아이들 앞에서 자신의 존재를 과시하며 칼처럼 **얄팍**하고 **칼날**처럼 **좁게** 있었을 때에, 그가 자신의 존재로 인해 아이들의 가슴속에서 싹트게 했던 감정들은 그 정도로 과격했던 것이다."[24] 소년기와 청년기의 가장 근본적인 반항은 아마도 아버지에 대한 반항이라기보다 아버지를 자발적으로 받아들인 순종에 대한, 아버지에게 복종하고 그의 판단에 굴복한 첫 행동에 대한 반항일 것이다.

이 점에서 자유 간접화법의 사용이 허용하는 비한정성 때문에, 우리는 아버지에 대한 아이들의 관점으로부터 자신에 대한 아버지의 관점을 향하여 느낄 수 없을 만큼 서서히 옮아간다. 그것은 실제로 개인적인 어떤 면도 지니지 않은 관점이다. 왜냐하면 지배적이고 합법적인 관점으로서 사회적 세계가 그에게 부여한 존재 의무를——여기서는 그가 실현할 **의무를 지니고 있는** 남성과 아버지에의 이상형이다——실현하려는 사람으로 스스로를 형성하려는 권리와 의무를 지니고자 하는 자아에 대한 고귀한 생각 이외에는 아무것도 아니기 때문이다. 즉 "그가 말한 것은 진리였다. 항상 진리였다. 그는 진리를 말하지 않을 수 없었

---

24) *Ibid.,* p.10.(필자의 강조)

다. 따라서 살아 있는 영혼이나 특히 그의 육신의 일부인 자신의 아이들을 위해 삶이 어렵다는 것, 세상사는 결코 타협을 묵인하지 않는다는 것, 그리고 우리의 가장 빛나는 희망이 사라지고 우리의 낡은 배들이 암흑 속으로 잠기는 전설의 나라로의 통로(이 부분에서 램지 씨는 몸을 **바로세우고**, 그의 작은 푸른 눈을 찌푸리면서 **지평선을 응시했다**)가 무엇보다 용기·성실 그리고 인내를 요구하는 시련을 재현한다는 것을, 그런 결과 가능한 한 가장 빨리 알아야 할 의무가 있는 자신의 아이들의 안전과 흥미를 위하여 그는 어떤 사실도 결코 바꾸지 않았으며 불쾌한 말도 결코 수정하지 않았다."[25]

　이런 각도에서 이해된 램지 씨의 이유 없는 냉혹함은 더이상 실망시키는 쾌락만큼 자기 중심적인 충동의 결과는 아니다. 그의 냉혹함은 어떤 선택, 즉 여성적이고 맹목적인 모성의 관대함으로 죄를 저지르기 쉬운 순진성에 자신을 결코 내던지지 않으면서, 그 냉혹함이 가지고 있는 가장 무자비한 것 안에서 세상의 필요성에 대해 표현해야 할 책임을 져야 하는 잘 납득된 부성애의 선택, 공정성의 선택에 대한 자유로운 확립이다. 그것은 분명 단순한 프로이트식의 해석에 의한다면 대수롭지 않은 그 무

---

25) *Ibid.*, p.ɪo-ɪɪ.(필자의 강조)

엇, 카빌족에서처럼 절단·폭력·살인의 측면, 모성적 성격과의 근원적 융합에 반대하여 방임과 방황, 여성적 성격의 충동과 충격으로의 포기에 반대하여 구축된 문화적 질서의 측면에 남성 역할——연극적인 말과 은유가 어쩌다가 요구된다——을 설정하는 칼이나 칼날의 은유가 의미하는 그 무엇일 것이다. 우리는 학대자도 역시 희생자이며, 아버지의 발언은 강한 힘으로 개연성을 운명으로 전환하도록 노출되어 있다는 것을 의심하기 시작한다.

그리고 이런 느낌은 결정적인 말 한마디로 아들의 꿈을 짓밟아 버린 고집센 아버지가 "사적인 영역 안에 들어와 있다는" 것을 알아차린 릴리 브리스코우와 남자 친구에게, "그들에게 보이고 싶지 않았던 무언가"[26]를 드러내 보임으로써 어린애같이 행동한 것에 대해 깜짝 놀란다는 것을 발견했을 때 더 강해질 수밖에 없다. 즉 전쟁놀이에서 은유적으로 표현된 **학문적 리비도**(libido academica)의 환각(fantasme)이다. 그러나 테니슨의 시가 램지 씨에게 야기시킨 길고 긴 사색, 전사의 모험을 상기하는 것은——죽음의 계곡에서의 임무, 패배한 전투와 지휘관의 영웅심("그러나 그는 **바닥에 누워** 죽기를 원치 않았다. 그래서 그는 바위

---

26) *Ibid.*, p.27.

모서리를 찾아 일어나 폭풍우를 향해 **눈을 부릅뜨고 선 채로 죽을 것 이리라.**")——철학자의 사후 운명에 대한 염려("Z는 당대에 한 번 만 공격당한다." "그는 결코 R에게 타격을 주지 못할 것이다.")와 밀 접하게 뒤섞여 있는 긴 사색을 전부 증거로 끌어내야 한다. 즉 "수 억의 인간 중에서 얼마나 많은 사람이 Z를 공격할 수 있을까? 하고, 그는 스스로에게 묻는다. 물론 아비규환의 한 종대의 지 휘관이 그를 따르는 사람들을 배반하지 않고 이렇게 자문하고 대답할 수 있을 것이다. 즉 '어쩌면 한 명.' **한 세대에서 한 명.** 그 런 사람이 아니라면 그는 비난받아야 할까? 더 이상 줄 것이 없을 때까지 그가 **줄 수 있는 모든 것을 내주면서** 진정으로 고생했다 는 조건에서 말이다. **그의 평판**은 얼마 동안 지속될까? 그가 죽고 난 후 사람들이 그에 대해 어떻게 말할 것인지 죽어 가면서 자문 하는 것은 영웅에게도 허용된다. 이런 평판은 아마 2천 년 동안 지 속될 것이다. (…) 죽음으로 인해 사지가 굳어 움직일 수 없게 되 기 전에 그가 굳어 버린 손가락을 엄숙하게 **이마**까지 들어올리고 **몸을 곧게 세운다면**, 앞날의 대수롭지 않은 전망과 별들의 종말 을 보기 위해 모든 것을 차지하고 **충분히 높이** 기어 올라간 죽 음의 종대의 지휘관을 어떻게 비난하겠는가? 그를 찾기 시작 했던 구조대가 자신의 위치에서 **훌륭한 군인으로** 죽은 그를 발 견할 테니 말이다. 램지 씨는 몸을 세우고, 유골 단지 옆에 **아주 곧**

게 몸을 지탱하고 있었다. 만일 한순간 그가 그렇게 하고 있는 동안 그의 생각이 **평판**, 구조 원정과 **감사하게 여기는 신봉자**들에 의해 유골 위에 쌓아올려진 돌 **피라미드**들 위에 머물러 있다면 누가 그를 비난할 것인가? 결국 누가 불행한 원정의 지휘관을 비난하겠는가? 만약⋯⋯."[27]

   버지니아 울프가 즐겨 사용하는 오버랩 기술은 경탄할 만하다. 뒤따라가는 유명세의 상징적 부와 지적 모험의 은유로서의 전쟁담과 이를 신성시하는 평판 같은 유희적 **환상**은 현실감의 상실, 다시 말해 최저치의 대가에 사활을 거는 내기와 정열을 쏟은 투자와 함께 평범한 존재의 학구적 **환상**을 재생산하도록 허용한다. 이는 램지 씨와 그의 후계자들을 논쟁 속으로 몰아넣은 모든 것이다. 즉 그녀의 오버랩 기술은 근본적인 **환상**, 유희 자체에의 투자, 놀이가 여하튼 끝까지 규칙에 따라(결국 마지막 무계급자가 언제든지 '서서 죽을 수도' 있기 때문에) 행해질 가치가 있다는 확신을 고스란히 지키면서 환멸을 수용하고 극

---

27) *Ibid.*, p.45-46.(필자의 강조) 문학적 귀화 아래 표현될 수 있는 **학문적 리비도**(libido academica)의 이러한 상기는, 《호모 아카데미쿠스》속에 드러나는 대로 대학 분야의 분석의 토대에 재도입시켜야 할 것이다.(P. 부르디외, Paris, Édi-tions de Minuit, 1984.)

복하기에 필요한 부분적이고 억제된 권한 박탈의 작업("그는 천재성을 가지고 있지 않았다. 그리고 그 어떤 자부심도 가지고 있지 않았다.")[28]을 허용한다. 그 표현이 근본적으로 **체위적인** 이런 잠재되어 있는 투자는 신체나 혹은 상징적 대체물인 돌 피라미드나 석상의 곧음, 바람과 일어섬의 방향으로 모두 조정된 신체의 자세·위치 혹은 몸짓 속에서 이루어진다.

근원적인 **환상**은 남성성으로 구성되어 있어서, 여러 다른 영역에서 그것이 추가된 특이한 형태로 **지배적 리비도**(libido do-minandi)의 근거에 속해 있다. [29] 근원적 환상이란 남성들(여성들에 대립되는)이 사회적으로 그들에게 부여되고, 그 형태가 전쟁으로 나타나는 모든 유희에 관심을 갖게 하는 식으로 정해지고 훈련되는 것이다. 가장 심각한 투자에 관한 어린아이 같은 자만심을 기만하는 깨어 있는 몽상 속으로 자신도 모르게 잠겨들면서, 램지 씨는 다른 남자들처럼 열중한 유희들이 어린아이의 놀이임을 문득 알아차린다──정확히 말해 **집단의 공모**가 그들에게 공유된 명백성의 필요성과 현실을 부여하기 때문에 그들

---

28) V. 울프, 《등대로의 산책》, *op. cit.*, p.44.
29) Cf. 이 점에 있어서 P. 부르디외, 《파스칼적 명상 *Méditation pascaliennes*》, Paris, Éditions du Seuil, 1997, p.199.

의 진실 안에서 우리가 포착할 수 없는 유희이다. 사회적 존재로 이루어진 유희들 중에서 신중하다고 말해지는 놀이들은 남성들을 위한 것인 반면에, 여성들은 아이들과 아이들의 장난에 바쳐져 있다. "대꾸도 못한 채 경직되고 맹목적인 사람의 태도를 취하면서 그녀는 고개를 숙이고 있었다. (…) 아무런 할 말이 없었던 것이다"[30]라는 사실은, 남성 역시 남자 노릇을 하는 아이라는 것을 잊도록 만든다. 종별적 소외는 특권의 원칙에 속한다. 즉 남성들은 어떤 식으로든 지배의 형태를 내기로 거는 사회적 유희들을 파악하도록 길들여졌으며, 그들은 일찌감치 특히 제도적 제식에 의해 지배자로 지목되었고, 그리고 이러한 이유로 **지배적 리비도**를 갖추었기 때문에 그들은 지배를 위하여 유희에 열중하는 이중적 경향의 특권을 지닐 수 있는 것이다.

남성들 곁에서 여성들은 특권이 행해지고 있는 유희에 속아 넘어가지 않을 수 있는 **매우 부정적인** 특권을 가지고 있으며, 적어도 직접적으로 첫번째 인물로 지명되지 않을 특권을 가진다. 그녀들은 그 유희에 대리인으로 관련되어 있지 않는 한 거기에 대해 부질없음을 느낄 수도 있으며, 남자다워지기 위한 '유아 남성'의 실망스런 노력과 실패가 그에게 안겨 주는 어

---

30) V. 울프, 《등대로의 산책》, *op. cit.*, p.41.

린애같이 유치한 실망감을 재미있어하며 관용을 가지고 관찰할 수 있다. 그녀들은 가장 신중한 유희에 대해 강가에서 폭풍우를 주시하는 구경꾼처럼 거리를 둔 관점을 취할 수 있다——이는 그녀들의 가치를 정치와 같은 심각한 것들에 흥미를 느낄 능력이 없는, 하찮은 가치로 지각되게끔 할 수 있는 것이다. 그러나 이런 거리감은 지배의 결과이므로 그녀들은 거의 언제나 유희에 지적이고 감성적인 진정한 참여를 하지 않을 것이라고 여겨지고, 유희와 내기의 현실에 대해 잘 알고 있지 못하는 무조건의 후원자로 만드는 놀이꾼과 함께 감성적 연대감을 통해 참여하도록 운명지어져 있다.[31]

램지 부인은 남편이 소리를 질러대며 '경기병 분대의 공격' 놀이를 하다가 만나게 된 거북스러운 상황을 즉각 이해한다. 들켜 버림으로써 웃음거리가 된 것이 그에게 야기할 수 있는 고통보다도 그의 이상한 행동의 근원이 되는 고통을 그녀는 염려한다. "아들을 실망시키고 아내를 조롱하는"[32] 취미(대가를 지

---

31) 이러한 것은 특히 서민층의 젊은 여자들이 '그녀들의 남자들'의 스포츠적인 열정에 보이는 참여에서 잘 드러난다. 그 결정적이고 애정적인 성격으로 해서, 더구나 결혼 후에 더욱더 빈번해지는 상반된 태도, 다시 말해 그녀들이 다가갈 수 없는 일들에 대한 열정에 대해 질투에 싸인 적대감 같은 이유로 남자들에게 무모하고 불합리하게 보일 뿐이다.
32) V. 울프, 《등대로의 산책》, *op. cit.*, p.47.

불해야 할)에 막 희생을 치른 엄격한 아버지가 마음을 상하고, 실상 다 큰 어린아이처럼 축소됨으로써 **환상**과 환멸에서 나온 고통으로 연민을 자아낼 때에 그녀의 모든 행동은 그것을 설명해 주리라. 즉 "그녀는 제임스의 머리를 쓰다듬어 주었다. 그리고 그녀는 자신이 남편에게 느꼈던 감정들을 아들에게로 옮겼다."[33] 실천 논리가 허용하는 이런 정신적 응축을 통해, 램지 부인은 그녀의 사회적 존재가 운명지어 놓은 그리고 준비된 감성적 보호의 몸짓으로,[34] 현실의 참을 수 없는 부정성을 막 발견한 작은 남자와 '패배'로 인해 궁지에 몰린 혼란스런 진실을 흔쾌히 간과해 버린 어른을 동일시한다. 등대로의 산책에 대한 자신의 결정을 상기시키면서, 그리고 아들이 자신에게 가한 거친 행동에 대해 용서를 빌도록 램지 부인에게 요구하면서(그는 '어떤 거리낌도 없이 아들의 드러난 다리'를 비웃는다. 그리고 '대단히 점잖게' 해안경비원에게 의견을 물으러 갈 것을 제안한다), 램지 씨는 이런 단호한 거절이 어처구니없는 장면과, 또한 **환상**

---

33) *Ibid.*, p.40.

34) 램지 부인의 보호적 기능은 여러 번 반복해서 상기되는데, 특히 병아리들을 보호하기 위해서 날개를 퍼덕거리는 암탉의 은유를 통해서 그러하다. (*Ibid.*, p.29, 30, 31.) "그녀는 그녀 자신의 것이 아닌 성(性)의 전체를 자신의 보호하에 두었다. **그것은 그녀가 알아차릴 수 없는 이유를 위해서였다.**" (p.12, 필자에 의한 강조. 그리고 p.48.)

과 환멸의 유희 사이에 어떤 관계를 맺어 주고 있다는 것을 명백하게 외면하고 있다.[35] 램지 부인이 분명 남편의 권위를 보호하기 위해 그녀의 선견지명을 감추어 보이는 배려를 했다 해도, 그녀는 무자비하게 내뱉어진 결정이 현실에 대한 가혹한 결정의 희생자, 은혜를 필요로 하는 가련한 한 존재로부터 유래한 것임을 완벽하게 파악하고 있다. 나중에 우리는 그녀가 남편이 매순간 다칠 수 있는 부분이 무엇인지 철저하게 알고 있음을 발견할 수 있다. 즉 "'아! 그렇지만 그것이 얼마 동안 지속될 것이라고 믿어요?'라고 누군가 물었다. 그것은 마치 그녀가 덜덜 떨면서 그녀 밖으로 솟아나온, 어떤 말을 저지하면서 그 말에 그의 관심을 강요하는 안테나를 가지고 있는 것 같았다. 그 말은 유일한 것이었다. 그녀의 남편으로부터 결핍된 것을 그로 하여금 생각케 할 어떤 확언으로 이어질지도 몰랐다. 아니 거의 확실했다. 얼마나 오랫동안 사람들은 그것을 읽을 것인가?라고, 그는 곧 자문할 것이다."[36] 그러나 어린아이 같은 짓을 하면서 규정에 따라 여성에게 부여된 모성적 연민을 유발하도록 부추기는 것에 확신을 가지고 있는 불행한 남자의 전략, 최후의 전략에 아마

---

35) *Ibid.*, p.42.
36) *Ibid.*, p.126-127.

도 그녀는 굴복하게 될 것이다.[37]

    예를 들어 램지 씨의 분노와 드러난 이유 사이의 부조화에
대해 논증을 펴는 대신에, 램지 부인이 가정이라는 공간에서의
외양적 내기를 받아들이면서 남편의 비위를 맞추어 주기 위해
우회적으로 암시하는 기발한 대화를 인용할 필요가 있을 것이
다. 겉으로는 대수롭지 않은 두 화자의 말들은 폭넓고 근본적인
내기를 품고 있다. 적수이자 동반자인 그들은 상대방을 은밀히
거의 완벽하게 파악함으로써 이 사실을 알고 있는데, 상대방은
악의를 갖고 최소한의 공범이라는 점에서 **아무것도 아닌 일**에
대해 모든 것에 대한 최후인 것처럼 갈등을 그들에게 짐지운다.
모든 것과 그리고 아무것도 아닌 것에 대한 이 논리는, 대화자들
에게 그것을 겉으로 보이는 대상(여기서는 내일의 날씨)으로 이끌
어 가면서 상대의 말을 불합리한 것으로 축소시키는 가장 완전
한 몰이해와, 암시에 의한 논쟁과 또한 화해의 무언적 조건인
완전한 이해 사이에서 매순간 선택할 자유를 남겨둔다. "내일 등

---

37) 여자들이 남자들의 화를 가라앉히고 생의 부정당함이나 어려움을 감수
하도록 도우면서, 남성들의 감정적 삶을 조절하는 데 정화적이고 거의 치료
적인 기능을 완수하고 있음은 흔히 관찰되는 것이다. (예를 들어 N. M. Henley,
op. cit., p.85.)

대로 갈 수 있는 희망은 조금도 없다며 초조해진 램지 씨는 퉁명스럽게 말을 던졌다. 어떻게 그걸 알 수 있어요, 라고 램지 부인이 물었다. 바람은 곧잘 바뀌곤 하잖아요. 이런 지적에 대한 특이하게 비정상적인 성격인 여성적 기지가 갖는 불합리성은 램지 씨에게 극단의 분노를 불러일으켰다. 그는 죽음이 준비되어 있는 계곡으로 떨어진 셈이었다. 그래서 그는 산산조각이 났다. 그리고 이제 그녀는 눈앞의 현실을 직면하고 아이들에게 적나라하게 터무니없는 희망을 주었으며, **결국 거짓을 말한 것이었다.** 남편은 돌계단을 발로 내리쳤다. '꺼져 버려!'라고 그는 말했다. **그런데 그녀가 뭘 나섰단 말인가? 단순히** 내일 날씨가 좋을 수 있다는 것인데. 그리고 그것은 사실로 일어날 수 있었다. 온도계의 눈금이 내려간다거나, 바람이 완전하게 서쪽에서 부는 것으로 보아서는 그렇지 않겠지만서도."[38]

램지 부인이 예를 들어 정육면체의 밑면이라든가, 정사각형이라든가, 볼테르(Voltaire)와 스탈 부인(Madame de Staël) 또는 나폴레옹의 성격이라든가, 지방의 소유지에 대한 프랑스의 체제에 대해서처럼 공연히 심각한 주제에 관해 남자들끼리 토론

---

38) V. 울프, 《등대로의 산책》, *op. cit.*, p.41.(필자 강조)

하는 것을 들을 때, "이런 인물들의 베일을 벗기게"[39] 만드는 기발한 통찰력을 그녀의 여성 조건의 덕으로 넘겨야 한다. 남성적 유희와 자아와 그러한 유희가 요구하는 사회적 충동에 대한 집요한 열정에 익숙지 못한 그녀는, 아주 자연스럽게 월터 스콧(Walter Scott)을 찬성하거나 혹은 반대하는 가장 순수하고 가장 열정적인 외양에 주력하는 것이, 탠슬리(Tansley)의 방식으로 보자면 남성적 에고이즘의 또 다른 구현인 '스스로를 앞세우려는' (또한 카빌족의 '체통 유지'와 유사한 신체의 기본 동작 중 하나인) 욕망을 원칙적으로 가질 뿐이라는 것을 안다. "그는 그가 교수직을 획득하거나 결혼을 하는 그 순간까지 항상 같은 짓을 할 것이다. 그래서 그는 항상 '나, 나, 나'라고 말할 필요가 없을 것이었다. 불쌍한 월터 경에 대한 그의 평가가 이에 귀결했고, 아마도 제인 오스틴(Jane Austen)이 문제시되었던 것도 이에 연유한 것이었으리라. 즉 '나, 나, 나' 말이다. 그는 자신과 그가 창출한 인상을 생각했다. 그러므로 그녀는 그의 목소리에서, 그리고 과장된 말들과 어조의 당황스러워함에서 그것을 알아차리곤 했다. 성공이 그를 흡족하게 만들 텐데."[40]

실상 여성들이 의존 상태에서, 사회적 유희들을 행하는 남

---

39) *Ibid.*, p.125-126.

성에 대하여 남성적 **환상**을 위한 약간 주제넘는 연민에 이르기까지 환멸을 부추기기에 충분히 자유로운 것은 드문 일이다. 그녀들의 교육은 이와 반대로 **대신해서** 유희 속에, 다시 말해 외부이자 동시에 종속적 위치 안에 들어가도록, 그리고 램지 부인처럼 안전이라는 깊은 느낌을 발생시키는 요인인 신뢰 있는 이해와 측은한 배려 같은 것을 남성적 **근심**에 부과하도록 준비시킨다.[41] 권력의 유희에서 제외됨으로써 그녀들은 남편이거나, 램지 부인의 경우처럼 아들이거나 간에 거기에 관여하는 남성들의 중계를 통해 참여하도록 준비되어 있다. 즉 "그의 어머니는 냉동기 주위로 가위를 솜씨 좋게 움직이는 그를 쳐다보면서 붉은 천과 흰 담비 모피로 된 옷을 차려입고 판사석에 앉아 있는 그를 상상하거나, 그가 처한 국가 차원의 위기 상황에서 중대한 계획을 진행시키고 있는 그를 상상하고 있었다."[42]

이러한 감성적 성향의 원칙은, 지배라는 노동 구분 안에서 여성에게 부여된 위상 안에 자리잡고 있다. 즉 "칸트(Kant)가 말하기를, 여성들은 전쟁을 치르지 못하는 것만큼이나 자신의 권

---

40) *Ibid.*, p.16.
41) 다수의 조사가 여자들은 그녀들의 성공을 남편의 성공에 견주어 조절하는 경향이 있음을 보여준다.
42) V. 울프, 《등대로의 산책》, *op. cit.*, p.10.

리와 시민으로서의 생활을 개인적으로 잘 지킬 수 없다. 그러므로 그녀들은 **대표자**의 중재를 통해서만이 그것을 할 수 있다."[43] 포기는 칸트가 여성의 특성으로 전가해 버린 것으로서, 사회적으로 가르쳐진 **리비도**가 욕망의 보통 의미로의 **리비도**의 특별한 형태 안에서 완수될 때만큼 특성의 겉모습을 결코 제시하지 않는 제2의 특성인 아비투스를 구성하는 성향의 가장 깊은 곳에 각인되어 있다. 차별화를 이루는 사회화 작용은 남성들로 하여금 권력의 유희를 좋아하도록 만들며, 여성들로 하여금 그것을 행하는 남성들을 좋아하도록 만드는데, 남성적 카리스마는 일면 권력의 매력이고 그 충동과 욕망 자체가 정치적으로 사회화된 신체에 대해 권력의 소유가 행사하는 유혹이다.[44] 남성 지배는 지배 관계 자체에서 생성된 사고의 범주를 지

---

43) Otto Weininger가 여자들이 자신의 성을 버리고 남편의 성을 갖는 용이성으로 그녀들을 비난하면서 "여자는 본질적으로 성이 없는데, 왜냐하면 그녀는 천성적으로 인격이라곤 없기 때문이다"라고 결론지으며 칸트적 철학을 호소한 것이 완전히 틀린 것은 아님을 본다. 이어지는 내용에 의하면, 칸트는 사회적 무의식의 연상 작용에 의해 여자들을 '다수'로(전통적으로 여성적으로 간주되는) 보며, 위임의 필요성 속에 등재된 기권을 대중들이 '조국의 아버지들'을 위해 역할을 포기하는 '순종성'으로 본다. (E. Kant,《실용적 관점에서 본 인류학 *Anthropologie du point de vue pragmatique*》, M. 푸코 역, Paris, Vrin, 1964, p.77.)
44) 이는 관료적 사회의 모든 성적 교환의 경향에 반대하는 것으로, 특히 사장과 비서 간의 성적 교환을 들 수 있는데(cf. R. Pringle, *Secretaries Talk, Sexuality,*

닌 지배자로의 적용을 유리하게 하고, 지배자와 그의 지배에 대한 사랑인 **숙명적 사랑**이라는 제한된 형태로, 즉 **지배하려는 욕망**(libido dominandi)을 몸소 행사하는 것을 포기함을 내포하는 **지배자의 욕망**(libido dominantis)으로 이끌어 갈 수 있는 무지 속에서 가장 든든한 지지자를 발견하는 것이다.

Power and Work, London-New York, Allen and Unwin, 1988, 특히 p.84-103), '성희롱'(가장 '과격한' 고발에 의해 분명 아직도 과소평가되고 있는)일 수도 있고 권력에 접근하기 위한 도구처럼 여겨지는 여성적 매력의 냉소적이고 수단적인 용도가 될 수도 있다. (cf. J. Pinto, 〈즐거운 관계: 여비서와 사장 Une relation enchantée: la secrétaire et son patron〉, *Actes de la recherche en sciences sociales,* 84, 1990, p.32-48.)

확고부동성과 변화

지배의 효율성의 내기이자 원칙인 신체의 오묘함 속에서 활동하며 모든 사회 질서 안에 각인되어 있는 하나의 지배 형태가 가장 잘 은닉되고 있는 결과를 분석해 보기 위해서 버지니아 울프의 날카로운 통찰력과 지극히 섬세한 문체를 다룰 필요가 있었다. 그리고 또한 성의 지배 관계에 의해 가려진 항구적인 것들을 상기하는 데 어떤 신뢰성을 부여하기 위해《자기만의 방》의 작가의 권위에 호소할 필요성이 있었다. 단순한 맹목성 이외에도 그 항구적인 것들을 무시하려 드는 요소들이 그만큼 강하다. (투쟁에 의해 보장된 전진을 강조하는 여성 운동의 합법적인 자만처럼.)

경제 구조에 관련된 성의 구조, 생산 방식에 관련된 재생산의 방식에 대한 기발한 자율성은 실제로 놀랄 만큼 확실한 사실이다. 다시 말해 분류 표상의 동일한 체계는, 본질적으로 시대와 경제적·사회적 차이를 초월하여 카빌의 산간 농부들과 영국 블룸즈버리의 부르주아들이라는 극점, 인류학적 가능성의 두 공간적 극점에서 재발견된다. 그리하여 아들을 어머니로부터 떼어 놓기 위해 필요한 작업이나, 생산과 재생산에서 임무와 시간에 나타나는 성별 상징적 효과처럼 정신분석을 이용하는 학자들은 공공연하게 집단적으로 완성된 제식적 실천 속에서, 남성 우월 원칙에 따라 부분부분 조직된 한 사회의 상징체계 안에 통합된 제식적 실천 속에서 드러내 놓고 주목되는 과정들을 대부분 아주 깊이 파헤친 남성과 여성의 정신분석적 경험 속에서 찾아낸다. 극단적인 남성적 성향이 농경 구조 안에서——남성적인 노동 시기와 여성적인 생산 시기의 대립에 의해 지시된[1]——그리고 또 잘 완성된 상징적 자산의 경제 논리 안에서 그 실현을 위해 가장 유리한 조건을 발견하는 남성 중심적 관점이, 이해 관계와 계산이 상징적 자산의 경제를 내몰

---

1) 마르크스에 의해 제시된 이러한 구별짓기, 즉 **노동**(travail)의 기간(다시 말해서 농경 활동에 있어서 남자에게 주어진 노동과 수확)과 낟알이 변형하는 순수하게 자연적인 과정, 즉 잉태되는 동안 어머니의 뱃속에서 이루어지는 것과 유사한 과정을 거치는 **생산**(발아 등) 간의 구별짓기란, 남자가 능동적이고 결정적인 역할을 하는 생식의 시기와 잉태의 시기 사이의 대조와 더불어서 재생산의 순환 속에서 그와 대응되는 것을 발견한다. (cf. P. 부르디외, 《실천 감각》, *op. cit.*, p.360-362.)

면서 생산 활동과 노동 구분에 깊은 영향을 주었던 변화에도 불구하고 살아남을 수 있었다는 것을 어떻게 설명할 것인가? 자연의 영구성 안에 그것을 각인시켜 놓으면서, 그것을 드러내어 인정하지는 않은 채 자연적 본질의 생명감을 역사적 구축에 일임하는 이러한 외향적 영속성을 어떻게 법적으로 인정할 것인가?

탈역사화의 역사적 작업

　　역사 속에서 영속성이란 역사적 작업의 생산물일 뿐이라
는 것은 분명하다. 이는 본질론에서 완전히 벗어나기 위해 역
사적 현실에 속해 있는 항구성과 불변성을 부정하려는 것이 아
님을 의미한다.[2] 따라서 **탈역사화의 역사적 작업의 역사**, 혹은 남
성과 여성이 존재한 이래로 항구적으로 완수되고 만성 지배의
객관적이자 주관적인 구조들로 계속 이어진 (재)창조의 역사(이
를 통해 남성 질서가 세대와 세대를 이어 가면서 지속적으로 재생
산되었음이 발견되는)를 **재구축**할 필요가 있다. 달리 말하자면
그 의도와는 상관없이 대부분 항구성·불변성으로 나타나는 '여
성들의 역사'는, 교회·국가·교육 기관 등 **항구성을 보장하는 데**

---

2) 바로 그 경우인 것을 납득하기 위해서는, Georges Duby와 Michèle Perrot
의 《여성사 *L'Histoire des femmes*》의 5권을 주의 깊게 읽어보는 것으로 충분할
것이다. (Paris, Plon, 1991, 1992.)

에 항구적으로 협력하며 서로 다른 시기에 상대적인 무게와 기능이 서로 다를 수도 있는 **행동자와 제도들의 역사**에 우선적으로 자리를 마련해 주어야 한다. 여성들의 역사는 어떤 직업이나 교육 과정, 학문 분야에서 여성들이 제외되는 것을 기록하는 것으로 그칠 수 없다. 그리고 재생산과 위계(직업적인, 학문적인 등속의), 여성들이 선호하며 여성들을 배척하는 장소로부터 여성을 배척하는 데에 스스로가 기여한 위계적 성향들을 규정화하고 파악하여야 한다.[3]

　　역사적 연구는 여성 조건에 대한 변형이나 다른 시대의 젠더 간의 관계를 묘사하는 것으로 한정될 수 없으며, 서로 다른 순간에 상이한 수단과 무게를 가지고 남성 지배의 연관성을 **어느 정도 완벽하게 역사에 묶어 놓는** 데에 기여했던 가정·교회·국가·학교 등 행동자와 제도의 체계가 갖는 상태를 매시기마다 적절하게 설정하는 데에 매달려야 한다. 성 사이의 연관성에 관한 역사의 진정한 대상은, 구조적 메커니즘(노동의 성 구분에 있어서의 재생산을 보장하는 메커니즘과 같은)과 단일 제도와 행동자를 통해서 오랫동안 실제로든 외양으로든 변화를 겪으면서,

---

3) 이것은 학교 체제가 어떻게 사회적 유형 사이뿐만 아니라, 젠더 사이의 차이를 재생산하는 데 기여하는가를 제시하려 했던 필자의 초기 연구가 발표되자 즉각 공격을 받았던 거대한 작업의 작은 부분에 속한다.

성 사이의 지배적 연관성에 관한 구조를 혼란시켰던 전략들의 승계적 결합(중세와 18세기가 달리 나타나고, 1940년대초의 페탱 치하와 1945년 이후의 드골 치하에서 달리 나타나는)의 역사이다. 즉 여성의 순종은 대부분 초기 산업 사회에서처럼 여성의 노동 참여를 통해, 반대로 산업 혁명 이후에는 노동에서 제외됨을 통해 표현될 수 있으며, 노동과 가정의 분리와 함께 빅토리아 시대적인 정숙함과 집안 가꾸기, 수채화와 피아노 등, 가톨릭 국가에서는 점점 더 여성 전용이 되고 있는 종교적 실천에 바쳐진 부르주아 계급 여성의 경제적 무게의 약화에서 표현될 수 있다.[4]

요컨대 '젠더들'의 관계에 관한 초역사적 불변 요소를 밝히면서, 역사는 지속적으로 불변 요소를 생산하였고 재생산했던 탈역사화의 역사적 작업을 그 대상으로 취할 수밖에 없는데, 다시 말해 그것은 남성과 여성이 순종하기를 그치지 않으며 남성화하든 여성화하든 남녀는 서로 구별케 하는 **차별화**(différenciation)의 지속적인 작업이다. 역사는 특히 젠더들의, 좀더 넓게 말해서 성적 실천의 여러 다른 범주들(이성애와 동성애)의 발생적 관점과 구분의 원칙으로부터 항상 다시 시작되는 사회적

---

4) V. L. Bullough, B. Shelton, S. Slavin, *The Subordinated Sex. A History of Attitudes toward Women*, Athens(Ga) et Londres, The University of Georgia Press, 1988(재판).

(재)구축을 묘사하고 기술하는 데에 전념해야 할 것이다. 여기서 이성애는 '반자연'에 대한 불명예에서 벗어난 '정상적인' 모든 성적 실천의 보편적 기준에 의해 사회적으로 구축되었고 구성되어 있다.[5] 여성 조건에서 그리고 성들간의 관계에서 돌발적 변화에 관한 진정한 이해는, 역설적으로 젠더 질서의 영속을 보장하는 메커니즘과 제도의 변형에 대한 분석에 의해서만 기대될 수 있다.

재생산의 노동은 객관적으로 조직되어서 무의식적인 구조들에 공동으로 힘을 발휘하는 가정·교회·학교의 세 주요 기관에 의해 최근까지 보장되고 있었다. 지배와 남성 관점의 재생산 안에서 주요 역할은 아마도 가정에 귀착할 것이다.[6] 그러므로 법으로 보장되며 언어 안에 새겨진 성 구분의 합법적 재

---

5) Georges Chauncey의 *Gay New York*이라는 책을 통해 동성애자들과 이성애자들 간의 대립은 최근에 생긴 일이며, 이성애 혹은 동성애가 마치 서로 용납하지 않는 선택처럼 강요되는 것이 단지 제2차 세계대전 이후였을 뿐이라는 것을 알고 있다. 그때까지는 다수가 남성 파트너에서 여성 파트너로 옮겨다녔으며, '정상적'이라 불리는 남자들도 관계에 있어 '남성적인' 측면에 있을 경우에 한해서는 함께 잘 수 있었다. '성도착자들' 다시 말해 남자를 원하는 남자들은 여성화된 옷차림과 몸가짐을 보였는데, 동성애자들과 이성애자들 사이의 구별짓기가 더욱 명백하게 확고해지자 그 수가 줄어들기 시작했다.

6) Cf. N. J. Chodorow, *op. cit.*

현과 노동의 성 구분에 대한 경험이 강요되는 곳이 바로 가정이다. 교회에는 특히 의복에 대해 여성적인 것의 배제를 품위라고 규정한 성직자들의 깊은 반페미니즘이 깃들여 있다.[7] 여성과 여성에 관한 비관론적 관점에 의해 지정된 재생산 요소로서의 교회는 여성의 기본적인 열등을 강조하는 교리와 함께 가부장적 가치가 전적으로 지배하는 가정주의적 윤리를 명시적으로 주입하고 있다(하였다). 그밖에도 교회는 성서의 상징 요소를 통해[8] 예배와, 종교적 공간과 시간(교회의 연중 의식의 구조와 농경의 절기 구조 간의 대응 관계로 표시된)에 대한 무의식의 역사적 구조에 간접적인 방법으로 영향을 준다. 어떤 시대에 교회는 아버지의 권위 위에 세워진 신성한 권리의 군주 제도인 가정

---

7) 도덕적 전략의 책임을 지고, 세상의 모든 죄에 대한 속죄를 위해 고통을 받아 마땅하다고 여기는 여성들의 비관적 관점에 대한 영속화에 있어서 스페인 교회의 역할에 대해서는 cf. W. A. Christian, Jr., *Visionnaires: The Spanish Republic and the Reign of Christ*, Berkeley, University of California Press, 1997. 이러한 속죄의 윤리는 여성적 불순함을 처단하고, '환영을 보는 자들'인 여성의 기적적인 관점을 악용하였던 스페인 사제들처럼 여성에게 의지하며 여성들의 가장 오래된 재현으로 무장하였던 비시 정권이 이룩한 재건의 한가운데에서도 발견된다. (cf. F. Muel-Dreyfus, *Vichy et l'Éternel féminin*, Paris, Éditions du Seuil, 1996.)

8) Cf. J. Maître, 《여성성과 신비. 사회역사학적 정신분석 에세이 *Mystique et Féminité. Essai de psychanalyse socio-historique*》, Paris, Éditions du Cerf, 1997.

내부의 위계를 정당화하고, 사회적 세계에 대한 그리고 진정한 '성상의 홍보'에 의해 여성에게로 귀착하는 자리에 대한 관점을 강요하기 위하여 우주론적 모델에 대응하는 윤리적 대립 체계에 의거할 수 있었다.[9]

결국 학교는 교회의 세력에서 벗어났을 때조차도 여러 다른 학교들, 대학들, 학문 분야들('쉬운' 또는 '힘든'――또는 본래의 신화적 직관에 좀더 가까운 '무미건조한' 전공들) 사이에, 다시 말해 존재하는 방법과 보고 **보여지는** 자신의 태도와 의향, 즉 사회적 숙명뿐만 아니라 자신의 은밀한 이미지를 만드는 데에 기여하는 모든 것을 스스로 재현하는 방법 사이에, 부성적 재현(남성/여성의 관계와 어른/아이의 관계 간의 동질성에 의거한)의 전제들, 특히 성적으로 함축된 고유한 위계적 구조들 안에 새겨져 있는 전제들을 계속 전달하고 있다.[10] 의학적이거나 법적인 만큼 문학적

---

9) Cf. S. F. Matthews-Grieco, 《천사 혹은 악마. 16세기 여성의 재현 *Ange ou diablesse. La représentation de la femme au XVIᵉ sièle*》, Paris, Flammarion, 1991, 특히 p.387. "그 시기에 통신 수단은 언제나 강한 성의 손안에 쥐어져 있었다. 책·이미지 그리고 설교가 남자들에 의해 이루어지고 그려지며 낭독된 데 반해서, 여자들의 대부분은 단지 교육의 불충분으로 해서 문화와 쓸 줄 아는 것으로부터 단절되었다."(p.327)

10) 이러한 상기에 있어서, 그것을 통해 사르트르의 지배력이 시몬 드 보부아르에게 전해졌던 Toril Moi의 학교 재현과 등급에 대한 분석을 따라, 겉보

이거나 철학적인 변화 양상에 있어 최근까지 고전적 사고 방식이나 모델(예를 들어 남성에 대해 능동적 원칙을, 여성에 대해 수동적 원칙을 세운 아리스토텔레스적 전통의 무게와 함께)·신학자·법률학자·의사·윤리학자가 협력하는 제2의 성에 관한 공식적 담론을 끊임없이 과장하여 언급하였던 것은 실상 교육 기관에 의해 유통된 모든 지적 문화이다. 각 시대가 지난 시대의 '보물들'(예를 들어 16세기의 속어로 된 우화시, 라틴어로 씌어진 신학 논문)[11] 안에서 인용함으로써 '유치'하고 어리석다는 점을 들어 특히 노동면에서의 아내의 자율성을 제한하려는 것 역시 그러한 지적 문화이다. 그러나 이런 문화는 동시에 그것이 장소를 제공하는 모순과 그것이 도입된 모순의 사실에 대하여, 성 사이의 관계에서 변화의 가장 결정적인 원칙들 중 하나가 된다는 것을

기에 추상적일 수 있는 학교 제도 안에서의 남성 지배가 갖는 특별한 유형을 제거할 수 있을 것이다. (cf. T. Moi, *Simone de Beauvoir: The Making of an Intellectual Woman*, Cambrige, Blakwell, 1994; 그리고 P. 부르디외, 〈얌전한 여자를 위한 변명 Apologie pour une femme rangée〉. T. Moi에게 바치는 서문, 《시몬 드 보부아르, 지식인 여자의 갈등 *Simone de Beauvoir: Conflits d'une intellectuelle*》, Paris, Diderot Éditeur, 1995, p. VI-X.)

11) 의학은 19세기까지 여성의 위상에 대한 해부학적이고 생리학적인 증거를 제공했다. (특히 그 재생산의 행위에 있어서.) Cf. P. Perrot, 《18세기와 19세기에 있어서 겉보기의 노동, 혹은 여성 신체의 변형 *Le Travail des apparences, ou les transformations du corps féminin, XVIIIᵉ-XIXᵉ siède*》, Paris, Éditions du Seuil, 1984.

우리는 알게 될 것이다.

젠더의 구분에서 오는 재생산의 제도적 요인에 대한 조사를 위해서는, 세대 단위의 일상적 실존을 관리하고 조정하는 임무를 띤 모든 제도들 안에 각인되어 있는 **공적인 가부장제**의 효력과 금지를 통해 사적인 가부장제의 효력과 금지를 시인하고 강화하였던 **국가**의 역할을 파악해야 할 것이다. 어린아이에 대한 어른들의, 여성에 대한 남성의 절대적 우월성에 근거하고, 유혹과 욕망의 터전인 신체의 힘·용기·자제력과 도덕성을 동일시하는 **도덕적 질서**처럼 사회적 질서의 원칙과 모델을 가부장제 가정으로부터 극보수적 관점에 의해 현실화된 부자 승계적이고 독재적인 국가(페탱 시절의 프랑스, 또는 프랑코 시절의 스페인처럼)로만 한정하지 않고라도, [12] 현대 국가들은 가정의 권리 안에 특히 시민의 호적(戶籍)을 규정하는 규칙 안에 남성 중심적 관점의 모든 기본적 원칙들을 기록하였다. [13] 그리고 국가의 본질

---

12) Cf. G. Lakoff, *Moral Politics, What conservatives Know that Liberals Don't*, Chicago, The University of Chicago Press, 1996.
13) 다른 정치적 체제에 있어서 고유한 신체 관리에 대한 정책들을 세부적으로 상기해야 할 것이다. 남성 사병과 남성 사회의 숭배, 그리고 긴장 속의 고행을 통한 영웅적 윤리 위에 보수적인 혁명의 남성적인 철학을 표현하는(cf. G. Mosse, *L'Image de l'homme: l'invention de la virilité moderne*, Paris, Abbeville, 1977) 거대한 군사 행진이나 대형 체조 전시, 혹은 비시 정권의 온정적 간섭주의적이

적인 중의성은 한 결정적인 부분으로서 재무성과 예산 집행처 사이, 온정주의적이고 가족주의적이자 보호자인 우파와 사회적인 것을 추구하는 좌파 사이의 대립과 함께 그 구조 내에서 배려와 봉사의 특권을 지닌 수취인으로서, 동시에 책임자로서 사회적인 국가와 연관지어진 여성들이 남성과 여성 간의 원형적 구분을 재생산한다는 사실에 의거한다.[14]

젠더의 위계에 관한 재생산에 기여하는 모든 사실에 대한 상기는, 지속성과 이 지속성의 변형에 관한 역사적인 분석을 윤곽지을 수 있게 할 것이며, 이런 분석이야말로 가시적이든 아니든 최근에 알게 된 변화들만큼이나 여성 조건(남성적 저항과 악의,[15] 혹은 여성들 자신의 책임을 들추어 내는 것으로 만족하지 않

고 퇴행적인 민속(cf. F. Muel-Dreyfus, *op. cit.*)을 포함하는 전제주의 체제에 있어서, 또한 가족 정책과 특히 Rémi Lenoir가 가정주의라고 부른 것, 그리고 모든 교육적 행동을 포함하는 민주주의적 체제에 있어서. (cf. R. Lenoir, 〈La famille, une affaire d'État〉, *Actes de la recherche en sciences sociales*, n³, juin 1996, p.16-3o.)

14) 국가의 역할을 권력의 간접적 실행의 도구처럼 상기시킨다는 것은, 남성 지배의 가장 기본적인 장소인 가정에 있어서 여자들(그리고 아이들)에게 남성 권력을 행사하는 경향을 파악하지 못한 것이다. 이러한 기능의 차별화를 상기시키는 것은 국가가 여성들에게 압제자인지, 아니면 해방자인지를 알기 위한 질문에 있어서 몇몇 페미니스트들과 대립을 보이는 거짓된 논쟁으로부터 벗어나게 한다.

15) 분명 무시할 수 없는 요인으로 가정 단위 내에서뿐 아니라 노동 세계에서

고) 안에서 확인될 수 있는, 더러는 놀라운 항구성을 이해하는 데 필요 불가결한 도구를 제공할 수 있는 능력을 지닌다.

―――――――――
의 개인적 행동들의 집합을 통해서, 그리고 '신기계주의'와 '정치적으로 올바른' 몇몇 비평처럼 절반은 협의된 상징적 행동들을 통해서 작용한다.

변화의 요인들

　　중대한 변화는 남성 지배가 더이상은 당연히 그래야 한다
는 당위성을 지니고 강요되지 않는다는 점이다. 적어도 몇몇 사
회적 공간에서 일반화된 강화의 테두리를 파고드는 데 성공한
여성 운동에 대해 심각하게 비난하는 작업이 있다는 사실로 미
루어보아, 이제부터 남성 지배는 많은 경우에 있어 방어하고 검
증해야 하는 것으로, 또 방어되어야 하고 검증되어야 하는 것
으로 보여진다. 당위성에 대한 문제제기는, 가장 유리한 사회
적 범주 안에서 여성 조건이 겪게 된 심각한 변형과 병행한다.
예를 들어 중등 교육과 고등 교육에의 진출, 보수를 받는 노동
과, 그것을 통한 공적 영역으로의 진출이 늘어나고 있다는 점
이다. 따라서 결혼 연령의 상승, 출산시의 휴가 기간 단축, 이
혼율의 증가, 결혼 비율의 감소와 함께 가정에서의 임무와[16]
재생산의 기능(불임술의 발달과 보편화된 빈도, 그리고 가족 단위

의 축소에 관련된)에서 멀어진다는 점이다. [17]

변화의 모든 요인들 중 가장 중요한 것은 여성들이 교육을 받고, 경제적인 독립을 이루게 되는 경우가 증가하는 것과 같이 젠더간의 차이에 대한 재생산에 있어서 교육 기관의 기능이 보여주는 결정적인 변형과, 가족 구조의 변형(특히 이혼율의 증가로 인한 결과)에 관한 요인들이다. 그리하여 아비투스나 **권리의** 타성이, 실제 가정의 변형을 넘어서서 가족 구조의 지배적 모델, 동시에 사회화와 전통적 구분 원칙의 전수를 조직하는 재생산을 향해 조정되어진 합법적이고 이성애적인 섹슈얼리티의 지배적 모델을 영속시키는 경향이 있다 할지라도, 새로운 유형의 가

---

16) 변화의 가볍게 여길 수 없는 요인은 확실히 요리·세탁·청소·장보기 등 가사와, 탁아소와 유치원 시설의 발달에도 불구하고 쉽사리 줄어들지 않고 남아 있는(비록 많이 나누어지기는 했지만) 아이를 돌보는 일을 덜어 주는 데 기여한(사회적 위치에 따라 다른 방식으로) 기술적 도구와 소비 수단의 증가이다. (가사 노동에 바쳐진 시간들이 미국에서와 마찬가지로 유럽에서도 일정하게 줄어들었다는 사실이 그것을 입증한다.)

17) Cf. L. W. Hoffman, 〈Changes in Family Roles, Socialization, and Sex Differences〉, *American Psychologist*, 1977, 32, p.644-657. 정치와 종교 분야에서, 그리고 매우 여성화된 직업들에서 중고등 교육에 여성이 대거 진입한 것이 야기한 변화들의 총체를 몇 마디로 설명하기는 불가능하다. 필자는 단지 예를 들자면 '협조'로 불려지는 아주 새로운 형태의 운동들을 설명하겠다. (cf. D. Kergoat(éd.), 《간호사들과 그들의 협조 *Les Infirmières et leur coordination, 1988-1989*》, Paris, Lamarre, 1992.)

정의 등장은 복합적 가족과 섹슈얼리티의 새로운 모델(동성애 같은)이 표면화된 것처럼 **공론**(doxa)을 바꾸게 하고 섹슈얼리티에 관한 가능성의 공간을 확대하는 데에 기여하고 있다. 좀더 평범하게 말하자면, 일하는 여자의 수가 증가하는 것은 가정 내부의 성적으로 차별된 성향의 습득에서 나온 확연한 결과와 더불어 남성과 여성의 전통적 모델인 집안일의 구분에 영향을 주지 않을 수 없다. 즉 직장 생활을 하는 어머니의 딸들은 좀더 격상된 사회 활동을 기대할 수 있고, 여성 조건의 전통적 모델에 덜 예속되어 있다.[18]

그러나 여성 조건에 있어서 중요한 변화와 이러한 조건을 바뀌게 하는 결정적인 요소들 중의 하나는, 의심할 여지없이 여학생들의 중등과 고등 교육 과정으로의 진출이 증가한다는 것이다. 교육은 생산 구조의 변화와 관련되어(특히 공적·사적인 주요 관리직과 간부급의 새로운 사회적 테크놀로지의 발달) 노동 구분에서 여성의 위치를 심각하게 변화하도록 이끌어 간다. 그리하여 지적 수준이 높은 직업이나 관리직에서, 상징적 서비스 판매의 종류와 여러 다른 형태——신문·텔레비전·영화·라디오·공공 관계·광고·실내 장식——에서 여성들의 출현이 급격히

---

18) L. W. Hoffman, *art. cit.*

증가하고 여성적 활동의 전통적 정의에 가까운 직업(교육, 사회 봉사, 진료 보조 활동)에 있어서의 참여가 강화되었음을 주목할 수 있다. 이것은 학위를 취득한 여성들이 중간 수준의 매개적인 직종(중진 관리간부·기술자·의료 활동이나 사회 활동의 종사자 등)에 주로 기용되었지만, 경제·재정과 정치 분야의 권위와 책임이 따르는 직급에서는 사실상 제외된 채로 있음을 말해 준다.

조건들의 눈에 띄는 변화는 실제로 **상대적 위치** 안에서 항구성을 숨기고 있다. 다시 말해 진출의 기회와 재현의 비율이 평등해졌다 해도, 그것이 여러 다른 교육 과정과 그로 인해 가능한 직업들 간의 분배 속에 도사리고 있는 불평등을 감출 수는 없는 것이다. 대학입학자격시험을 통과하고 대학에서 교육을 받는 남학생이 많으면 많을수록, 여학생은 문학 분야에서 관록이 증가하는 반면 과학 분야에서는 대단히 저조함으로써 가장 경쟁력 있는 분야에서 현저히 빈약한 재현을 보이게 된다. 더구나 직업 고등학교에 진학한 여학생들은 전통적으로 '여성적인 것'으로 간주되고, 별로 능력을 필요로 하지 않는 전공들(단체나 회사의 직원, 비서, 건강에 대한 직종의 전공)을 선택하도록 되어 있으며, 몇몇 전공(기계·전기·전자)들은 실제로 남학생들의 것으로 확보되어 있다. 그랑제콜 입시준비반이나 그랑제콜 자체 내에도 마찬가지의 불평등이 항구적으로 존재한다. 의과대학에서 여학생들에게는 외과 같은 분야는 실제로 금지되어 있으며, 소아과 또는 산부인과 같은 분야가 할당되어 있어 전공 분야에 있어서의 위계가 양성됨으로써 여학생 수가 감소하고 있다. 잘 알다시피 구조는 전통적 구분의 동질적 대립의 쌍들 안에서 존속된다. 그랑제콜과 일반대학 사이의 대립, 혹은 대학의 내부에서도 법과대학·의과대학과 문과대학 사이에, 혹은 문과대학 내에서도 철학이나 사회학·심리학·미술사학 사이에서 이런 대립을 볼 수 있다. 구분에 있어서의 동일한 원칙이 각 학문의 내부에서도 적용되어 남성들에게는 가장 고귀하고 총체적이며 이론적인 것을, 여성들에게는 가장 분석적이고 실용적이면서 가장 명예스럽지 못한 것을 지정해 준다.[19]

같은 논리가 각 직업과 지위 내에서 다른 직업이나 직위로 진출하는 데에도 적용된다. 즉 교육에서처럼 노동에서의 여성의 진보는 마치 장애인 경주처럼 괴리의 구조를 유지하게 하는 남성들의 대응적인 진출을 드러내고 있다.[20] **변화 속의, 그리고**

---

19) 철학적 사고에 있어서의 성 차이에 대해서 cf. Charles Soulié, 〈철학적 취미의 분석 Anatomie du goût philosophique〉, *Actes de la recherche en sciences sociales,* 109, octobre 1995, p.3-28.

변화에 의한 항구성의 가장 놀라운 경우는 여성화된 직종이 이미 가치를 잃었든지(전문 근로자는 상당수 여성이거나 외국 이민자들이다) 가치 상실이 눈덩이처럼 불어남으로써 그 결과에 따른 남성들의 퇴진에 의해 사양길에 접어든다는 사실이다. 더구나 사회적 공간의 모든 단계에서 여성을 발견할 수 있다 해도 가장 희귀하고, 가장 인기 있는 직종으로 갈수록 진출의 기회(그리고 재현의 확률)는 감소하고 있다. 실제적이며 잠재적인 여성화의 확률은 분명 여러 다른 직업의 상대적 입지와 가치에 있어서 가장 좋은 지표가 될 것이다. [21]

그리하여 각 단계에서 초과 선발의 결과에도 불구하고 남성과 여성의 형식적인 평등은, 모든 것이 평등할지라도 여성들이 항상 덜 유리한 위치를 차지한다는 사실을 은폐하는 경향을

---

20) R.-M. Lagrave, 〈보호 아래의 해방. 20세기 여성의 교육과 노동 Une éman-cipation sous-tutelle. Éducation et travail des femmes au XXᵉ sièle〉, in G. Duby, M. Perrot(éd.), *Histoire des femmes*, t. 5: *Le XXᵉ sièle*, Paris, Plon, 1992.

21) H. Y. Meynaud, 〈마지막 원으로의 접근: 기업체의 권력 탄원에 있어서의 여성 참가 L'accès au dernier cercle: la participation des femmes aux instances de pouvoir dans les entreprises〉, *Revue française des affaires sociales*, 42ᵉ année, I, janvier-mars 1988, p.67-87; 〈프랑스 전력 회사의 심장부에서, 유력한 지위로의 전기 기술자들의 느린 상승 Au cœur de l'entreprise EDF, la lente montée des électriciens dans les postes de pouvoir〉, *Bulletin d'histoire de l'électricité*, Actes de la journée de la femme et l'électricité 1993.

보여준다. 예를 들어서 여성들이 공공 기능에 점점 더 많이 관록을 보인다는 것이 사실이라 해도, 여성들에게 할당되는 것은 가장 열등하고 가장 불안정한 직위들이다. (이런 직위는 비학위자와 파트타임 직원에서 특히 그 수가 많으며, 지방 행정직에서는 보조나 보살피는 하급직원과 시중 드는 위치에 배정된다──가정부, 단체 식당에서 일하는 사람, 유치원 보모 등.)[22] 노동 시장에서 여성들에게 부여된 위상의 불확실함을 보여주는 가장 좋은 예는, 분명 모든 것이 평등함에도 불구하고 여성들이 남성들보다 적은 보수를 받는다는 사실과, 같은 학위를 가지고도 낮은 직위에 있으며 실업이나 채용이 불안정하다는 이유로 상대적으로 더 많은 타격을 받고 임시직에서 더욱 쉽게 쫓겨난다는 사실이다 ──이러한 사실은 권력의 유희와 직업 활동의 전망으로부터 영락없이 여성들을 제외시키는 결과를 가져온다.[23] 여성들이 불안정한 정치에 가장 많이 영향을 받는 개인 기업의 영역에서

---

22) Cf. M. Amine, 《국민 직원 Les Personnels territoriaux》, Paris, Éditions du CNFPT, 1994.

23) Cf. M. Maruani, 〈여성화와 차별. 프랑스에서의 여성 활동 발전 Féminisation et discrimination. Évolution de l'activité féminine en France〉, L'Orientation scolaire et professionnelle, 1991, 20, 3, p.243-246; 〈파트 타임제 혹은 문 Le mi-temps ou la porte〉, Le Monde des débats, I, octobre 1992, p.8-9; 〈사회 위상과 직업 유형 Statut social et mode d'emploi〉, Revue française de sociologie,

와 마찬가지로 사회적인 국가나 관료적 영역 내의 '사회적인' 위치에 연관되어 있음으로써 모든 것이 그녀들로 하여금 국가의 사회적 분야를 축소하고 노동 시장의 '비조정'을 유리하게 하는 신자유주의 정치의 주요한 희생자가 될 것임을 예견하게 한다.

여성들이 점점 더 많이 차지하는 지배적인 위치는 본질적으로 권력 분야에 있어서 지배받는 지역 속에, 다시 말해 상징적 부의 생산과 유통의 영역(출판·신문·언론·교육) 속에 자리한다. 마리아 안토니아 가르시아 드 레옹(María Antonia García de León)의 표현을 빌리자면, '차별화된 엘리트들'인 여성들은 그녀들에게 강요된 별도의 요구를 만족시키기 위하여, 또한 신체적 **성향**과 의복에 나타나는 모든 성적인 암시를 추방하기 위하여 끊임없는 노력으로 선출된 대가를 치러야 한다는 것이다.[24]

남성과 여성 간의 권력과 특권의 통계적 분배와 시간이 흐르면서 그것이 발전하는 것을 이해하기 위해서는, 언뜻 보기에

XXX, 1989, p.31-39; J. Laufer et A. Fouquet, 〈전문직 여성의 상한점에 달하기와 경제권 결정에 있어서의 여성의 접근 Effet de plafonnement de carrière des femmes cadres et accès des femmes à la décision dans la sphère économique〉, *Rapport du Centre d'études de l'emploi,* 97/90, p.117.

24) H.Y. Meynaud, *art. cit.*

는 모순되어 보일 수도 있는 두 가지의 속성을 동시에 인정하여야만 한다. 한편으로는 사회적 공간에서 그녀들의 위치가 어떠하든 공통적으로 여자들은 흑인들의 피부색이나 낙인이 찍힌 집단에 속하는 표시처럼 그녀들 자체, 그리고 그녀들이 하는 모든 일에 부정적으로 영향을 미치는 상징 요인, 대응하는 차이의 체계적인 총체의 원칙을 따르는 **부정적 상징 요인에 의해 남자들과 분리되어 있다.** 다시 말해 차이가 많이 나기는 하지만 남자들 위에서, 혹은 남자들 한가운데서 권력을 행사하는 것과 관련된 긴장을 감당할 힘을 갖기 위해서 매일 아침 마사지를 받아야 하는 여사장과, 성폭행, 노동 조건에 의해 강요된 추함과 더러움, 자기 평가절하, 남성적 환경 속의 노동의 어려움에 대한 위안을 '여자 친구들'과의 유대성 안에서 찾아야만 하는 야금공장의 양성공들 간에는 공통적인 뭔가가 있다는 것이다. 다른 한편으로는 그녀들을 가까워지게 하는 특별한 경험들(남성적 질서에 의해 가해진 무수한, 흔히 잠재 의식적인 상처인 지배의 무한소처럼)에도 불구하고, 여성들은 남성 지배를 당하고 느끼는 데 있어서 그녀들의 객관적이고 주관적인 자세에 영향을 미치는 경제적·문화적인 차이로 인해 **서로가 서로에게 분리되어** 있다. 여성성에 의해 이끌려 가는 상징적 자본의 과소평가와 관련된 모든 것을 제거하지 못한 채로 말이다.

여성 조건의 변화 자체는 항상 남성적인 것과 여성적인 것의 구분에 대한 전통적 유형의 논리를 따른다. 남성들은 공적인 공간과 권력의 장(특히 경제적인 장, 생산에 대한 장)을 계속 지배하는 반면에, 여성들은 상징적 자산의 경제 논리가 존속되는 사적인 공간(가정, 재생산의 장소)이나 사회 봉사(특히 병원)와 교육 활동 공간의 연장선에, 혹은 상징적 생산 세계(문학·예술·신문의 장)에 할애되어 있다.

성 구분의 예전 구조가 지금도 변화의 방향과 형태를 결정하는 듯이 보인다면, 구조들이 어느 정도 강하게 성화(性化)된 학연·직업·지위 내에서 객관화되었다는 사실말고도 여성들이 선택함으로써 가능해지는 **실천의 세 가지 원칙**을 통하여 행동한다는 것을 의미한다. 첫번째 원칙에 의하면, 여성들에게 합당한 기능은 가정 기능의 연장선에 놓여 있다. 즉 교육·봉사·서비스이다. 그리고 두번째 원칙은 여성은 남성에 대해 권위를 가질 수 없으며, 나아가 권위가 있는 직위는 남성을 선호하고 여성은 보조라는 종속 역할 속으로 격리되는 경우를 겪게 된다는 것이다. 그리고 세번째 원칙은, 기술적인 대상과 기계를 다루는 것에 대한 독점권을 남성에게 일임한다는 것이다. [25]

---

25) 여자 구성원의 백분율에 따르면 3백35개 직업의 분류에서 여성적 직업

청소년들에게 그들의 학교 경험에 대해 질문해 보면, 전통적 구분 원칙에 의해 그들에게 부여된 운명을 암암리에 또는 드러내 놓고 걸핏하면 상기시키는 부모들·선생들(특히 진로 상담자) 혹은 동급생의 긍정적 혹은 부정적인 선동과 명령이 갖는 무게에 대해 놀라움을 금할 수 없다. 많은 여학생들은 과학 전공 교사들이 남학생보다 여학생에게 자극과 용기를 덜 준다는 것, 교사나 진로 상담자와 마찬가지로 부모들도 남성적이라 알려져 있는 몇몇 직종으로부터 '그들의 관심'을 돌리게 한다는 것(네 아버지가 너에게 "넌 이런 직업을 결코 가질 수 없을 거다"라고 말할 때 정말 당혹스럽다), 그리고 그 반면 그 여학생들의 남자 형제가 이런 직종을 택하도록 용기를 준다는 사실을 주목하고 있다. 그러나 이런 질서 유지 명령은, 종족 차별을 볼 수 있는 경우인 스포츠에서 일련의 선행 경험들이 그녀들로 하여금 예견이라는 형태로 이런 권유를 받아들이도록 준비시켰고, 지배적 관점을 포용하도록 만들었다는 사실로 해서 그 효과를 단단히 보고 있다. 즉 그녀들은 "남성에게 명령을 하거나 전형적으로 남성적인

의 첫번째 열에 아이 돌보는 직업(**어린아이 보기**, 교육), 환자 돌보는 직업(간호사, 식이요법사), 집안 돌보는 직업(집안 청소부와 가정부), 개인 용무를 돕는 직업(비서, 안내자와 '관리사')들을 볼 수 있다. (cf. B. R. Bergman, *The Economic Emergence of Work*, New York, Basic Books, 1986, p.317 이하.)

직업을 행사하는 스스로의 모습에 익숙지 않다." 직접 눈에 보이는 사회 범주의 객관성 안에 새겨져 있는 역할의 성 구분과, **정상적인** 재현이 이루어지는 즉각적 통계는, 사회적 당위성을 표현한 기막힌 동어반복이 말해 주듯 "오늘날 우리는 남성의 직업을 행사하는 여성을 그다지 많이 보지 못한다"고 그녀들을 교육하였다.

간단히 말해 '성적(性的)으로' 명령된 사회 질서의 경험과 부모·교사들과 동급생들, 그리고 세상에 대한 유사한 경험에서 얻은 관점의 원칙을 지닌 이들이 그녀들에게 전해 준 질서 유지 명령들을 통해, 배제하는 교육 과정과 직업에 거부당하고 그녀들에게 운명지어진 교육 과정과 직업을 향해 몰려가면서, 여학생들은 받아들이기 어려운 지각과 평가의 표상 형태로 그녀들로 하여금 있는 그대로의 사회 질서를 정상적이고 자연스러운 것으로 여기게 하는 지배적 관점의 원칙들을 합체시킨다. 그 결과로 얻어진 아비투스의 불변성은 노동의 성 구분 구조와 상대적인 불변성 중에서 가장 중요한 요인 중 하나가 된다. 즉 이 원칙들이 근본적으로 신체에서 신체로 의식과 담론을 넘어 전달된다는 사실로 미루어보건대, 원칙들은 대부분 의식의 절제와 변형 혹은 수정에서 벗어나 있다. (공약과 실제 사이에서 주목되는 괴리가 증명하듯 성의 평등에 대해 가장 호의적인 남성층이 오히려 가사 노동에 덜 참여한다.) 더구나 남성들은 객관적으로 조정되어짐으로써 서로를 인정하고, 서로에게 힘을 실어 준다.

그밖에도 저항으로 조직된 전략들을 남성에게 전하기를 꺼리면서, 그 첫번째 줄에 **성비율**[26)]을 둘 수 있는 사회적 신체의 가장 드문 속성을 보존하려는 호선 작전의 즉각적인 논리는 여성화가 희귀성으로, 즉 사회적 위치의 가치로, 또한 지배자들의 성적 정체성으로 치닫게 하는 위험에 대한 혼돈스럽고 놀라운 불안 속에 뿌리를 내리고 있다고 가정해 볼 수 있다. 어떤 직종에서 여성의 참여를 반대하는 몇몇 감정적 반응의 폭력은, 사회적 위치 자체가 성화되고 성화한다는 것과, 여성화에 저항하여 그들의 직위를 지키면서 남자로서 갖는 가장 깊은 사고라는 것이 막노동자들 수준 정도인 사회 범주의 경우나, 그들 가치의 대부분 아니면 전부를 자신의 눈에 비치는 남성적 이미지에 의지하고 있는 군대의 사회 범주 같은 경우에서 남성들이 보호하고자 하는 것임을 안다면 이해될 것이다.[27)]

---

26) 프랑스에서 70년대에 학생이 넘쳐나는 사실에 대처하기 위해 행해진 고등 교육의 하급 교사 모집의 경우처럼 때때로 충분히 '기적적인' 방식으로. (cf. P.부르디외, 《호모 아카데미쿠스》, *op. cit.*, p.171-205, 특히 p.182-183.)

27) Cf. C. L. Williams, *Gender Differences at Work: Women and Men in it Nontraditional Occupations,* Berkeley, University of California Press, 1989, 그리고 M. Maruani와 C. Nicole, *op. cit.*

상징적 부의 경제와 재생산의 전략

그러나 차이들의 영속화에 대한 결정적인 또 다른 요인은 상징적 자산들의 경제(결혼이 그 중심 부분인)가 상대적 자율성에 의거하고 있는 항구성인데, 이 항구성은 남성 지배로 하여금 경제적 생산 방법의 변형 너머에 존속케 한다. 이런 사실은 상징적 자산의 주요 관리자인 가정이 교회와 법으로부터 받는 변함 없고 명백한 지지와 더불어 생겨난다. 섹슈얼리티의 합법적 시행은, 모성적 의무에서 점점 면제되어 가는 듯해도 아직은 부의 양도에 대한 합법적 통로의 하나로 남아 있는 결혼을 통하여 부권의 전달에 명령당하고 종속되어 있다. 로베르 니이가 보여주려 했듯이 부르주아 가정은 재생산의 전략, 특히 어머니 쪽의 재생산의 전략을 통해 상징적 자산을 보존하고 증대하는 것을 목표로 투자하기를 그치지 않았다. 그들은 구체제의 귀족 가정보다 더욱 많이 투자하는데, 왜냐하면 그들의 위치를 유지하는 것은 그 집단의 유산과 귀한 인척의 획득을 존속시킬 수 있는 상속이라는 생산을 통하여 상징적 자산의 재생산에 긴밀하게 의존하기 때문이다.[28] 그리고 현대 프랑스에서 남성의 체통에 관한 성향이 결투에서부터 예의범절 혹은 스포츠에 이르기까지 남성들의 공적 활동을 계속 가늠한다 해도, 그것은 카빌 사회에서처럼 그 성향들이 상징적 자산의 경제 논리가 요구하는 재생산의 계략을 통하여 존속하려는 '부르주아' 가정의 성향을 드러내고 실현시키려 한다는 것일 뿐이다. 그런 경제 논리는 재계에 있어 공공연히 경제적인 경제를 지배하는 요구들과는 구별되는 특별한 요구들을, 특히 가정 경제 안에 유지토록 하였다.

신중한 일들, 공적 사업, 특히 경제적 사업의 세계에서 제외됨으로써 여성들은 오랫동안 가정이란 세계 안에서, 혈통의 생물학적이고 사회적인 재생산에 관련된 활동 안에 틀어박혀 있었다. 그 활동들이 겉으로는 인정받고 때로는 제식으로 칭송받는다 해도, 실제로는 경제적으로나 사회적으로 제재를 받는 생산 활동에만 종속되어 있고 혈통, 즉 남성들의 물질적이고 상징적인 이해 관계에 관련되어 명령받는 식의(특히 어머니로서

---

28) R. A. Nye, *op. cit.*, p.9.

의) 활동들일 뿐이다. 그리하여 여성에게 부과된 **가사 노동**의 중요한 부분은, 대부분의 계층에 있어서 사회 활동의 조직화에 의해 친족 관계와 사회적인 모든 자산을 경영함으로써 가정의 연대감과 통합을 유지하는 데 목적을 두고 있다.[29] 가족이 한 자리에 모이는 식사처럼 일상적인 활동이나, 친족의 관계를 의식을 통해 축하하고 사회적 관계와 가정의 기쁨을 유지하고 선물 교환, 상호 방문, 서신이나 엽서·전화의 교환을 보장하는 예식과 잔치(생일) 등의 특별한 활동이 바로 그것이다.[30]

  이런 가사 노동은 근본적으로 눈에 띄지 않거나 좋지 않게

---

29) 램지 부인이 꾸려 가는 가정 생활 속에서 식사가 갖는 중요한 역할을 본다. 그것은 '가정의 정신'을 구현하는 것인데, 그것이 사라짐은 공동체적인 삶과 가족의 일치를 무너지게 한다.

30) 미국 부르주아와 소시민의 경우에 있어서 가정, 즉 그 화합의 사회적 자산을 지키는 이 노동은 여자에게 거의 전적으로 지워져 있어서 남편의 양친과의 관계 유지까지도 보장해야 한다. (cf. M. di Leonardo, 〈The Female World of Cards and Holidays: Women, Families and the World of Kinship〉, *Signs*, 12, spring 1987, p.410-453. 그리고 이러한 노동에 있어서 전화 대화의 중요한 역할에 대하여는 C. S. Fischer, 〈Gender and the Residential Telephone, 1890-1940, Technologies of Sociability〉, *Sociological Forum*, 3(2), spring 1988, p.211-233.) (미국에서와 마찬가지로 프랑스에서도 이론적으로 보아서 무한히 풍요롭고 생산적이기는 하지만 '대이론'의 전형적인 남성적 사상에 덜 부합한다는 이유로 훌륭한 연구들을 가림으로써, 모든 주의와 토론을 집중시키는 사람들이 바로 '이론에의 경주(race for theory)'에서 아주 뛰어난 이론가들이라는 사실에서 필자는 지배적 유형에 복종하는 결과를 보지 않을 수 없다.)

보여지고 있으며(예를 들어 수다, 특히 전화 수다에 대한 여성 취미의 제의적 통보와 함께), 가사 노동이 시선을 끌 때조차도 비영리적이고 '이해 관계를 떠난' 그 특성이 조장하는 정신·윤리·감정의 영역으로 전이됨으로써 현실감을 잃게 된다. 여성의 가사 노동이 돈으로 환산될 수 없다는 사실은, 상품 가치가 없는 그 시간은 아무런 중요성도 없으며 보상도 받지 못한 채 가족 구성원에게, 특히 아이들에게(어머니의 시간은 쉽게 방해받을 수 있다는 것을 보았다) 무제한으로 주어질 수 있는 것처럼 가사 노동의 가치를 잃게 하는 데 기여했으며, 밖에서는 교회와 자선 기구 혹은 단체나 집단에 대해 보수도 지불받지 못하고 노동을 돈으로 환산하려는 생각도 거의 하지 못하는 활동들에 가두어져서, 여성들은 남성보다 더 흔하게 종교 또는 자선의 **무료 자원 봉사**에 배치된다.

그와 마찬가지로 가장 차별이 없는 사회 부류에서, 여성들은 남성들로 하여금 넓은 범위의 명성 높은 결합을 세워 주는 진정한 투자인 결혼을 통해 사회적 자산과 상징적 자산을 축적하도록 해주는 교환의 수단으로 취급되었다. 그와 마찬가지로 오늘날 여성들은 우선 외면적인 모든 것——미용·의상·관리 등——을 통해 가정 집단의 상징적인 자산을 표출하면서, 가정의 상징적 자산의 생산과 재생산에 결정적인 **공헌**을 한다. 이런 사실로 인해 그녀들은 드러나 보이고 마음에 들기 쉬운 쪽으로 처해지게 된다.[31] 사회 세계는 그 분야마다 정도는 다르다고 해도 남성 관점이 지배하는 상징적 자산의 시장처럼 기능한다. 다시 말해 여성의 경우 존재한다는 것은 우리가 보았듯이 남성의 눈으로, 혹은 남성적 범주——명시적으로 말할 수 없지만 작용하는 범주들——가 자리잡고 있는 시각으로 지각된다는, 여성의 작품을 '여성적이기' 때문에, 혹은 반대로 '전혀 여성적이 아니기' 때문에 치하할 때일 것이다. '여성적'이라는 것은 근본적으로 남성성의 기호들처럼 기능할 수 있는 모든 특징과 실천을 피하는 것이며, 권력을 가진 여성에 대하여 '대단히 여성적'이라고 말하는 것은 권력이라는 순수하게 남성적인 속성에 대한 권리를 부정하게 하는 각별히 미묘한 하나의 방법에 지나지 않는다.

상징적 자산의 시장에서 여성들이 차지하는 특별한 위치는 여성 성향의 근본을 설명한다. 즉 모든 사회적 관계가 어떤

---

31) 무의미하게 보일 수도 있겠지만, 상징적 자산의 재생산이 갖는 연관에 있어서 남성과 여성의 구별되는 지위의 징후이다. 미국의 대부르주아 사회에서 유행과 유혹의 대상인 딸에게는 프랑스 이름을 지어 주고, 혈통의 파수꾼이자 혈통을 이어 가야 할 행위의 주체인 아들은 혈통에 의해 축적된 과거의 이름들을 모은 것에서 선택된 이름을 받는다.

연관성 아래에서 각자가 자신의 감각적인 외양을 평가받게 하는 교환의 장소라고 한다면, 남의 눈에 비친 존재 안에서 '육체적'(잠재적으로 성화된)이라 불리는 것으로 축소된 신체로 귀결하는 부분은 언어처럼 덜 직접적으로 감각적인 특성과 관련하여 남성에게보다 여성에게 더욱 크게 나타난다. 남성들에게 미용이나 의상이 사회적 위치의 사회적 기호(의복·장식·제복 등)를 위하여 신체를 가리는 경향이 있는 반면, 여성들에 있어서 이러한 것들은 신체를 즐겁게 하고 유혹의 언어를 만들어 준다. 이러한 사실은 미용을 위한 투자(시간·돈·에너지 등)가 여성들에게 훨씬 크다는 것을 설명해 준다.

　사회적으로 그녀들 자신이 미적 대상으로 취급되고, 그 결과 신체·의복·유지의 우아함과 미에 관한 모든 것에 지속적인 주의를 기울이면서, 그녀들은 가사 노동의 구분에 있어서 미적인 모든 것과 좀더 넓게 보아 가정 단위의 구성원, 아이들뿐만 아니라 흔히 아내에게 자신의 의복 선택을 맡기는 남편들까지 그들의 공공연한 이미지와 사회적 외양을 관리하는 모든 것을 보살필 책임을 지고 있다. 또한 집안, 실내장식, 일상 생활의 장식에 있어서, 가난한 가정에서조차도(예전의 농부들의 채소밭에 꽃을 심는 모퉁이가 있었듯이, 노동자층의 가장 빈곤한 아파트에도 화분·책꽂이·싸구려 그림을 볼 수 있다) 항상 무상이고 궁극적인 목적을 가지고 끝없이 배려와 근심을 아끼지 않는 것은 그녀들이다.

가장의 상징적 자산에 대한 관리를 책임지고 있는 여성들은 제시와 재현, 접수와 접대의 활동들('여승무원' '안내요원' '모델요원' '해상요원' '운전요원' '회의요원' '도우미' 등)은 물론이고, 가정의 제식들이 그러하듯 회사의 상징적 자산과 관계라는 사회적 자산의 보존과 상승에 기여하는 관료적 제식들의 경영을 수행하라고 요구하는 기업체 내부에서 이런 역할을 하도록 논리적으로 요청받게 된다.

관료적 세계가 여성들에게 요구하는 상징적 서비스의 **극한점**인, 대기업이 중역을 초청하는 일본 기녀들이 있는 호사스러운 클럽은, 일상의 쾌락의 장소처럼 성의 서비스를 제공하는 것이 아니라 고객의 개인 생활의 세부적인 것에 대한 암시, 직업 또는 성격을 감탄할 만큼 수준 높게 인격화한 상징적 서비스를 제공한다. 격조와 가격의 위계 안에서 클럽의 위치가 높으면 높을수록 서비스는 각별해지고 탈성화하며, 금전이 아니라 사랑으로 수행되는, 전혀 대가를 받지 않고 자신의 몸을 내던져 바치는 제물의 양상을 취하는 경향이 있으며, 이것은 품격 상승이라는 문화적인 노동의 대가로 이루어진다. (호텔에서의 매춘이 요구하는 것과 같은 노동인데, 호텔의 매춘부들은 길거리 매춘에서 이루어지는 재빨리 해치우는 성교와 비교할 수 없을 정도로 훨씬 더 정중하고 더 가치 있다고 말한다.)[32] 유혹에 대한 개별적인 관심과 기교를 드러내는 것은 아무리 별것 아니라 해도 에로틱한 자극을 어느 정도 내포할 수 있으므로 세련된 대화는 못 되는데, 그것은 실제로는 그렇지 않은 고객들에게 칭찬받고 존경받는다는 감정, 돈을 위해서가 아니라 그의 개성과 인격을 위해, 그들 자신을 위해, 나아가 성적으로 원해지고 사랑받는다는 감정과, 매우 중요한 인물로 또는 단순히 '스스로 남성임을 느끼는' 감정을 갖게 하는 데에 목적을 둔다. [33]

상징적 상업의 활동들은 개개인의 제시 전략이 기업체에서 나타나는 것으로, 적절하게 완수되기 위하여 전통적으로 여성에게 주어진 역할에 합당한 유혹에의 성향들과 외모에 지대한 관심을 요구하는 것이 당연하다. 그래서 일반적으로 화장품이나 미용 관리(머리 손질, 피부 관리, 손톱 관리 등)에서부터 고급

32) Cf. C. Hoigard et L. Finstad, *Backstreets, Prostitution, Money and Love*, Cambridge, Polity Press, 1992.
33) Cf. A. Allison, *Nightwork, Pleasure, and Corporate Masculinity in a Tokyo Hostess Club*, Chicago, University of Chicago Press, 1994.

의상이나 고급 문화에 이르기까지 상징적 자산과 서비스, 혹은 더 정확하게 말해서 **구별짓기의 기호들**의 생산과 소비 안에서 여성들의 전통적 역할의 단순한 확대를 통해 여성들에게 기능을(문화의 영역이 여성들에게는 지도적 위치를 차지할 수 있는 유일한 영역이라 할지라도 흔히 종속적인) 일임할 수 있다는 사실을 이해할 수 있다. 경제적 자본을 상징적 자본으로 전환하는 가정 단위의 중심에서 책임을 지고 있는 그녀들은 패션이 기호(嗜好)의 터전을 제공해 주는 변증법, 상징적 초월과 격하라는 영속적 운동처럼 문화 생활의 원동력이 되는 멋과 품위의 항구적 변증법 속으로 들어가도록 예비되어 있다. 우리는 소시민 사회의 여성들이 신체의 관리와 미용에 극단적으로 관심을, 넓게 보면 윤리적이고 미학적인 존엄성에 대해 관심을 기울이고 있다고 알고 있는데,[34] 그녀들은 상징적 지배의 특권적인 희생자이며 피지배 범주들의 방향으로 그 결과들을 이어 가기 위하여 전적으로 지명된 도구들이다. 지배 모형에 동일시되려는 희망에 사로잡힘으로써——미학적이고 언어학적인 과잉 교정으로의 경향이 이를 증명하듯이——그녀들은 전적으로 지배적인 것과 구

---

34) Cf. P. 부르디외, 《구별짓기. 판단의 사회학적 비평 *La Distinction. Critique sociale du jugement*》, Paris, Éditions de Minuit, 1979, p.226-229.

별되기 때문에, 구별된 특성에 길들여지는 경향을 가지고 있으며, 그들의 위치는 문화적 자산의 생산과 유통 기구(예를 들어 여성 신문) 안에서 그들의 위치로 말미암아 새롭게 전환된 그녀들의 열성에 권력을 보장할 것이며, 이 상황적 상징 권력을 이용하여 그녀들은 강제적 폭로에 기여하려는 경향을 갖는다.[35] 모든 것은 여성들의 직업의 해방에 대한 증언을 해야 하는 상징적 자산의 시장이, 상징적 생산의 '자유직 노동자들'에게 상징적 자산의 경제 메커니즘을 통하여 시행되고 그녀들이 선출의 희생자가 되는 상징적 지배에 대한 그녀들의 공헌과 순종을 더욱 많이 얻어내려는 목적에서만이 자유의 외양을 부여하는 것처럼 이루어진다. 이러한 메커니즘의 직관은 **자연스러운 모습**의 보존처럼 여성 운동이 제의한 전복이라는 전략 원칙에 속하기 때문에, 여성들은 행동적 행동자로서의 존엄성을 행사하면서 상징적 과시와 조작의 도구라는 상태로 축소되어 있음을 믿는, 혹은 믿게 하는 상황에 내놓여 있음이 틀림없다.

---

35) Nicole Woolsey-Biggart는 그의 《카리스마적 자본주의 *Charismatic Capitalism*》(Chicago, University of Chicago Press, 1988)에서, 여성 노동력을 기초로 한 개종 권유의 범례적 형태의 본보기적인 묘사를 제공해 준다.

구조의 힘

　그리하여 가정뿐만 아니라 학교와 노동계, 업무와 미디어 분야에 이르기까지 **사회적 공간과 그 하부 공간의 총체 안에** 설정되어 있는 남성과 여성 간의 지배적 연관성에 대한 진정으로 **상대적인** 이해는 '영원히 여성적인 것'에 대한 환상적 이미지를 산산조각내게 할 것이며, 역사적 순간과 사회 공간 내의 위치에 연결된 조건의 **실제적** 차이들을 유지하는 남성과 여성의 지배 관계에 대한 구조적 불변성을 보다 더 잘 나타낼 수 있을 것이다. **남성 지배 관계에 있어서의 초역사적인 불변성**에 대한 확고한 사실은, 우리가 때때로 믿는 척해 보이는 탈역사화 즉 이입(移入)의 효과를 창출하는 것과는 거리가 멀며, 여성 **조건** 안에서 가장 가시적인 변화가 갖는 확고한 사실 위에 근거한 일상적인 문제들을 전복해야만 한다. 다시 말해 확고한 사실은, 실상 역사로부터 남성 지배를 떼어 놓기 위해 필요한 역사적 노동과 외면적 탈역사화에 대한 책임을 지는, 그리고 모든 역사적 변형의 정치가 무능력하다는 지적을 감당하면서 깨달아야 하는 역사적 메커니즘들과 행동들에 대해 내내 덮어두었던 질문을 하게끔 강요한다.

이 확고한 사실은 특히 '포스트모던' 철학자들의 '이원론의 초월'에 과시적으로 호소하는 허영심을 꿰뚫어보게 한다. 이원론이란 사물(구조들) 안에, 그리고 신체 안에 깊이 뿌리박혀 있어서 구술적 명칭 부여의 단순한 결과로 생긴 것이 아니며, 그것들이 힘을 입은 신체와 세계 속에 새겨져 있으면서 우리가 우리 마음대로(drag queens의 방법으로) 조작할 수도 있는 단순한 '역할'에서 유래하는 것과는 달리, 수행적 마술 행위——젠더에 의해 소멸될 수는 없는 것이다.[36] 낱말 특히 욕설의 수행적 효율성의 기틀을 만든 것은 젠더의 질서이며, 전복적 의지론(volontarisme)의 개혁을 가장하는 재정의(再定義)에 **저항하는** 것도 젠더의 질서이다.

---

36) Judith Butler는 "The misapprehension about gender performativity is this: that gender is a choice, or that gender is a role, or that gender is a construction that one puts on, as one puts clothes in the morning"라고 쓰면서 *Gender Trouble*에서 젠더에 대한 '의지주의적' 관점을 그녀 자신 거부하는 것처럼 보인다. (J. Butler, *Bodies that Matter: On the Discursive it Limits of 'Sex,'* New York, Routledge, 1993, p.94.)

'심리 분석의 고고학'으로 알려진《성의 역사》에서 '욕구의 주체'로서의 서구 남성형의 계통을 묘사함으로써, 심리 분석적 이입에 맞서 섹슈얼리티를 다시 역사화한 미셸 푸코와 마찬가지로 이 책에서 필자는 성들간의 관계, 일반적으로 말해 개인적 개체 발생뿐만 아니라 남성 중심적 무의식의 부동적 부분인 집합적 계통 발생에 대한 긴 역사에서 성들의 관계를 지배하는 무의식적인 것을 다루어 보려 애썼다. 그러나 섹슈얼리티에 대한 현대적 경험의 특징들을 잘 이해하기 위해서는 고대 그리스나 로마와의 차이를 찾아보는 것에 만족할 수는 없다. 그 당시의 특징에서 '섹슈얼리티' 혹은 '살덩이'의 경험과 유사한 개념, 즉 "단일 개체와 관계하며 외면적으로 서로 동떨어져 보이는 다양한 현상들인 행동들뿐 아니라 감각·이미지·욕망·본능·열정까지도 같은 성격에 속하는 것으로 재통합하는 하나의 개념"[37]을 찾기는 어려울 듯해 보인다.

　우리가 알고 있는 바대로의 섹슈얼리티는 실상 역사적 산물이지만, 여러 다른 분야와 특이한 논리로부터 차별화의 과정이 이루어짐에 따라 점진적으로 활성화되었다. 그러한 이유로

---

37) Michel Foucault,《성의 역사 제2권: 쾌락의 활용 *L'Histoire de la sexualité t. 2: L'Usage des plaisirs*》, Paris, Gallimard, 1984, p.43.

해서, 신화적 양식의 근본적 대립을 구성하였던 성화된(성적이 아닌) 구분 원칙이 정치적인 만큼 물리적인 세계 질서에 적용되는 것, 즉 소크라테스 이전의 사상가가 그러했듯이 우주론의 토대를 정의하는 것을 우선적으로 중단하여야 했다. 실상 성에 관련된 실천이나 담론과 동떨어진 영역의 제도는, 스콜라 철학 장의 토론에서 유래함으로써 대상에 대한 그 유추 자체를 차츰 취하게 된(특히 아리스토텔레스) 논리적 판단이나 다의적이며 유동적인 유추를 지닌 신화적 판단의 점진적인 분리와 불가분의 관계에 있다. 또한 있는 그대로의 성성향(sexualité)의 표출은 종교의 장, 법률의 장, 관료의 장처럼 성적 실천과 담론의 합법적 정의를 독점하는 장과 행동자들 합체의 출현과도 불가분의 관계에 있으며, 가정과 가정주의적 관점을 통해 실천 속에 이러한 정의를 강요할 수 있다.

성화된 무의식의 표상들은 고프만(Goffman)이 원하는 것처럼 '구조를 이루는 기본적 택일들(fundamental structuring alternatives)'이 아니라, 차별화된 사회 공간에서 유래한 차별화된 역사적 구조들이며, 이 구조들은 행동자들이 공간 구조로부터 겪는 경험에 연결되는 습득 과정을 거쳐 재생산된다. 바로 그렇게 해서 남성적인 것과 여성적인 것의 기본적인 구별짓기와 그것이 표현되는 부차적 택일(지배적/피지배적, 위/아래, 능동-삽입/

수동-피삽입)[38]을 포함한 동질성의 관계를 보존하는 대립(강함과 약함, 큼과 작음, 무거움과 가벼움, 살찜과 마름, 당겨짐과 늦추어짐, **딱딱함**과 **부드러움** 사이의)에 따라 조직된 여러 장 안에 끼어드는 것은 동시에 기본적 대립을 포함한 성화된 동질적 대립을 신체 안에 각인하도록 한다.

장들의 사회적 구조 안에 새겨진 대립들은 흔히 윤리적·미학적·인지적 판단을 허용하는 형용사 체계 안에 등재되어 있는데, 인지 구조라든지 실천의 분류를 뒷받침하는 데 사용된다. 예를 들자면 대학이라는 장 안에서 일시적으로 지배적인 법학과 의학 분야와 일시적으로 피지배적인 과학과 문학 분야 사이의 대립, 그리고 후자 중 **딱딱한** 과학과 **유연한** 문학 사이의 대립, 문학처럼 내면 세계를 다루는 심리학과 집회 장소와 정치의 측면에 놓이는 사회학 사이의 대립이 있다.[39] 또한 권력

---

38) M. 푸코는 특히 남자를 위한 남자에 의해 만들어져, '삽입과 수컷 지배의 표상에 따른 모든 성적 관련'을 구상한 그리스의 윤리 속에서 섹슈얼리티와 권력(남성의) 간의 연관성을 잘 감지했다. (M. Foucault, *op. cit.*, p.242.)

39) **딱딱한 것**과 **부드러운 것** 사이의 대립이 과학의 영역에 있어 성별 노동 분리가 갖는 형태임을 안다. 과학적 노동의 분리에 있어서나, 재현이나 결과의 평가 등에 있어서 그러하다. 전혀 다른 양식 속에 19세기의 문학 비평은 남성적이고 무거운 서사시와 여성적이고 장식에 바쳐진 서정시를 대립시켰다.

의 장에서는 산업 또는 상업계의 사장들과 지식인들 사이에, 실
천과 속성에 대한 객관성 안에 깊이 새겨져 있는 대립이 그러
하며, 또한 지식인은 소시민의 눈에 여성적인 것, 비현실주의,
순결주의, 면책특권의 속성을 지닌 존재로 보이게 하는 명시
적 또는 함축적인 분류 형태로 두뇌 안에 새겨진 대립이다. (흔
히 여자를 상대로 '인생을 논하는' 남자들이 그러하듯 세속적 지배층
들이 지식인이나 예술인에게 훈계하는 상황에서 명백히 보여지듯이.)

　　성적 무의식의 생성사회학은 이 무의식이 뿌리내리고 재
생산되는 사회의 구조 분석에서 그 논리성을 발견할 수 있으
며, 사회적 위치(선호도에 따른 여성이나 남성의 점유자 즉 의사/간
호사, 사장/지식인 등) 사이에 설정되는 것은 객관적 분리 또는
분리의 원칙 형태로 일치된 구분임을 말해 준다. 영속화의 관

행렬의 대립은 국제 관계에 있어 나타나는데, 미국이나 영국·독일 같은 다
른 나라들에 비해서 프랑스가 '여성적'이라 말할 수 있는 위치를 차지한다.
다양한 나라들에서 소년들은 이집트·그리스 혹은 일본을 향하고 소녀들은
프랑스로 간다든지, 소년들은 경제학이나 공학·법학을 공부하기 위해 미국
혹은 영국으로 가는 데 비해 소녀들은 문학·철학 혹은 인문과학을 공부하기
위해 프랑스로 간다는 사실이 그것을 입증해 준다. (cf. N. Panayotopoulos, 〈작
은 나라의 큰 학교들. 외국 유학: 그리스의 경우 Les 'grandes écoles' d'un petit pays.
Les études à l'étranger: le cas de la Grèce〉, *Actes de la recherche en sciences sociales*, 121-122,
mars 1998, p.77-91.)

점에서 가장 중요한 구분은 확신컨대 상징적 생산을 다루는 장들을 구별하는 구분이다. 카빌 사회가 그 예를 잘 보여주고 있는 기본 대립은, 여러 갈래로 분산되어 파악하기 힘든 형태(과학과 인문학, 또는 외과의학과 피부의학)로 대립을 재생산하는 동질적 대립 체계 안에서 왜곡되어 다양성이 줄어들고 있는 것으로 보인다. 이런 특이한 대립들은 그들의 개체와 진리 안에서 이해되지 않으며, 성의 지배 관계에 대해 동일 구조를 가진 다면체들처럼 어느 정도는 은연중 우리의 정신을 조이고 있다.

그렇다고 해도 이런 부류의 지배——가정과 같은 제한된 공간에서 가장 광범위한 것에 이르기까지, 모든 사회적 공간에서 매우 다른 여러 등급으로 이루어질 수 있는 개별성을 지닌——가 실행되는 장소와 형태의 총체들을 모두 지탱한다는 조건에서, 구조의 불변성과 재생산의 메커니즘은 포착될 수 있다. **여성 조건에 영향을 주었던 가시적 변화들은 보이지 않는 구조들의 항구성을 감추고 있는데, 이는 여성 조건을 특징짓는 노동과 권력의 구분 그리고 남성과 여성이 개입된 노동 시장의 여러 다른 구역들**(장들), 즉 **가정 경제를 연관지을** 수 있는 상대적 사고를 백일하에 드러내 놓을 수 있는 유일한 것이다. 우리가 평상시에 하듯 가사 노동과 비가사 노동에서 성에 따른 역할, 특히 계열의 분배를 **분리된 상태에서** 파악하지는 않는다.

성적 지배의 구조적 연관성이 지닌 진리는 고위급에 도달한 여성들이 가정 질서 속에서(이혼·만혼·독신, 자녀와의 불화 또는 실패 등), 그리고 상징적 자산의 경제 속에서 '성공'을 얻지 못하는 만큼 직업상의 성공에 대가를 '치러야' 한다는 것에 주목할 때, 반대로 가정 경영의 성공이 그 대가로 직업상의 대성공을 부분적으로 또는 몽땅 포기하도록 한다는 것에 주목할 때(반일제 또는 '4/5일제' 같은 것으로, 권력 투쟁의 밖으로 여성들을 밀어낸다는 이유로 여성들에게 제공되는 '특혜'의 동의를 통해) 잘 엿볼 수 있다. 집안 공간(현실 또는 잠재적인) 구조가 직업 공간(예를 들어 남편의 위치와 아내의 위치 사이에 필수적인, 피할 수 없거나 받아들여질 수 있는 간격의 재현을 거쳐)에 영향을 미치는 제약들을 파악한다면, 우리는 여러 다른 사회 공간에서 남성의 위치와 여성의 위치에 관한 구조들 사이의 동질성을 알 수 있는데, 즉 여성들이 자신들의 약점을 결코 회복할 수 없다는 일종의 뒤쫓기처럼 그러한 용어들의 본질적인 의미가 끊임없이 변화하고 있을 때조차도 여전히 존속되려는 동질성을 알아낼 수 있다.[40]

---

40) 거대한 문화적 자산의 소유는 남성이 경제적이고 문화적인 진정한 자립 조건에 도달하는 데에 그 자체로 충분치 않다. 남자가 아주 많이 돈을 버는 부부에 있어서 여자의 노동은 활동과 성공의 증가에 의해 입증되어야 하는 선택하는 특권처럼 보인다는 것과, 수입의 반 이상을 가져다 주는 남자는

이러한 관계맺기는 지배의 동일 관계가 큰 사업이나 큰 재산을 지닌 대부르주아의 여성들이 보이는 무상의 헌신으로부터 '적은 보수로 중노동하는' 하녀로서의 헌신에 이르기까지, 또는 소시민 사회의 여성들이 남편의 임금을 보충하며 남편과 양립할 수 있는 보수를 받는 거의 언제나 부수적인 방식으로 실행되는 직업에 이르기까지 매우 다른 여성 조건에 있어서 매우 다른 형태로 주목될 수 있다는 것을 깨닫도록 한다. 남성 지배의 구조는 이러한 수많은 지배/순종의 독특한 관계들이 지닌 최종 원칙이다. 이 관계들은 관련 행동자의 사회적 공간에서의 위치에 따라 때로는 거대하고 눈에 띄며 때로는 무한히 작고 거의 눈에 띄지 않지만, 그 결과 가정의 분위기로 인해 동질적이고 합해지는 형태 안에서 서로 다르게 나타나는데, 사회의 각 세계에서 버지니아 울프가 말했던 '신비의 경계선'을 고수하면서 남성과 여성을 분리시키고 합한다.

여자에게 그녀가 가사 노동의 반 이상을 하기를 기대한다는 것을 증명하는 이들을 믿는다면, 필요 조건인 경제적인 독립이 여성으로 하여금 남성의 아비투스와 여성의 아비투스를 계속해서 붙들고 늘어지는 지배적 모델 제약에서 해방되는 데에 그 자체로 충분치 않다.

지배와 사랑에 관한 추신

이 시점에서 연구를 그친다는 것은, 버지니아 울프가 상기했던 '실망하는 즐거움'(사회학이 때로는 은밀하게 추구하는 만족의 일부를 이루는)에 빠져 스스로를 포기하는 것이며, 사랑의 관계가 갖는 즐거운 세계를 연구 주제에서 멀리 떼어 놓는 것이 되리라 본다.[1] '현학적인 희극'에 빠져들지 않은 채 사랑에 관해 분석적 언어로 말하고 서정적 영감과 견유주의, 신기한 나라의 이야기와 우화 또는 우화시를 택일하는 것을 회피하는 것은 쉽지 않은 일이다. 사랑이란 남성 지배의 법칙에서 최상에 놓여

---

[1] 특히《구별짓기》(*op. cit.*, p.566)의 끝에서 그랬듯이 '명석한 관점'에 대한 기쁨을 찾는다는 것은, 이 관점에서 떼어낼 수 없는 '각성함의 기쁨'으로 사회학이 야기시키는 가장 난폭하고 부정적인 반응들을 설명하고 부분적으로 증명할 수 있는 것을 보지 못한 채 사회학적인 지식욕 안에서 지닐 수 있는 몫이 있음을 필자는 빈번히 말해 왔다.

진 유일한 예외이고 상징적 폭력이 정지된 상태인가? 아니면 가
장 미묘하고 눈에 보이지 않기 때문에 상징적 폭력의 극도의
형태인가? 사랑이 이런저런 형태의 숙명적 사랑을 취할 때, 적
어도 옛 카빌 또는 예전의 베아른 지방에서, 아니 그 이전에도(동
성 혼인의 통계가 증명하듯이) 수많은 여성들로 하여금 사회적 운
명이 그녀들에게 부여한 남자를 사랑스럽다고 여기게 하고 사
랑하게 했던 피할 수 없는 힘이 문제시되는 그런 숙명적인 사랑
의 형태를 취할 때, 사랑이란 그 자체로는 잘 파악되지 않으나
실제로 잘 알려진, 열정 속에서 행복하든지 불행하든지 간에 받
아들여진 지배이다. 가장 가증스런 존재 조건에서, 가장 위험천
만한 고백에서, 필요와 습관에 의해 강요되어진 이 몰입에 관
해서 과연 무엇을 말할 수 있는가?

　　클레오파트라의 코는 모든 신화에 등장하는 여성――유
혹하는 이브, 아양 떠는 옴팔레, 매혹적인 주술사 키르케 등――
이 지니는 불길하고 끔찍하고 매혹적인 능력과 함께 사랑의 신
비스러운 영향력이 남성에게 역시 행사될 수 있음을 상기시킨
다. 어두운 곳과 은밀한 관계('베갯머리에서')의 비밀 속에서 이
루어지며, 열정의 집착이라는 마법에 의해 남성을 묶어둔다고
의심되는 힘은 사회적 권위로 이어지는 의무를 잊게 함으로써
지배의 연관성을 전복함을 의미한다. 이러한 전복이란 평상시

의 정상적이고 자연적인 질서의 숙명적인 단절이며, 남성 중심
적 신화를 강화하기 위해 만들어진 자연에 거역하는 하나의 결
함처럼 선고된다.

그러나 그 전복이란 투쟁이나 전쟁의 예상 안에 머물러 있
다. 그리고 사랑이나 우정의 경험을 구성하는 듯이 보이는 힘의
중단과 힘의 연관에 대한 가능성까지도 배제한다. 그런데 지배
가 지배당하는 것처럼 또는 소멸된 것처럼 나타나고, 남성적 폭
력이 누그러진(여러 번 확인했듯이 여성은 사회적 관계의 거칢과 난
폭함을 걷어내면서 개화시킨다) 기적과 같은 휴전 속에서 성들
간의 연관성은 언제나 사냥 또는 무사적인 남성 관점으로 결
말을 본다. 그리하여 불평등한 교환에 비대칭을 끌어들이면서,
불안감·불확실성·기대감·낙심·상처·모욕을 부추기면서 묶
어두고 속박하고 낮추거나 굴복시키는 것을 목표로 삼는 지배
의 전략들을 단번에 끝장내는 것이다.

그러나 사샤 바이트만(Sasha Weitman)이 말하듯이 평상적
인 질서와의 단절은 단번에 완수되지는 않는다. 오로지 매순간
의, 끊임없이 다시 시작되는 작업에 의해서만이 사랑이라는 '매
혹적인 섬', 연이어 기적이 일어나는 장소이자 완벽하게 자급자
족적인 자신들만의 닫힌 세계가 계산과 폭력과 이해 관계라는
차가운 바다에서 구제받을 수 있는 것이다. 그것은 자아의 포

기와 재구축을 허용하고 온전한 **상호 관계** 위에 세워진 관계의 설립을 가능케 하는 비폭력의 세계이다. 사르트르가 말하는 만남의 임의성(그것이 그 남자이기 때문에, 그것이 나이기 때문에)이 갖는 일종의 임의적 절대화 내에서, 그리고 그것에 의하여 가장 사소하고 가장 부정적인 특성에 이르기까지 '존재함이 입증되고' 이루어진다는 것을 느끼도록 해주는 상호 이해의 세계이다. 타인에 대한 감탄 속에서, 특히 그 남자가 치켜세우는 감탄속에서 서로에게 경이로움을 갖는 이유들을 찾아보는 행복감위에 세워진 비도구적 관계를 가능케 하는 **무사무욕**의 세계이다.[2] **상징적 교환의 경제**라는 지고한 힘에 영향을 주는 그 많은 자질들, 숭고한 자기 희생이자 상품 유통에서 제외된 신성한 물건인 신체를 바치는 그런 자질들은 지속 가능한 비도구적 관계를 가정하고 생산하기 때문에, 다비드 슈네데르(David Schneider)가 제시하였듯이 무관하고 교환 불가능한 모든 행동자들 사이에서 일어나는 일시적이고 엄격하게 도구적인 거래인 노동 시장의 교환과 대립된다. 그렇게 돈으로 사고 파는 사랑이란, 용어상으로도 아주 모순되기 때문에 보편적으로 희생이라고 알려

---

2) 단지 즐김의 수단으로 그 **자체의 목적**도 생각지 않고 타인을 도구적으로 다루는 사실과 완전히 반대된다.

진 한계를 재현하는 것이다.[3]

'순수한 사랑' 사랑의 예술을 위한 이 예술은 예술을 위한 예술이 역사적·구조적으로 연결되어 있는 예술에 대한 순수한 사랑처럼 비교적 최근에 생긴 역사적 조작물이다.[4] 순수한 사랑은 완벽하게 이루어진 형태에 있어서는 아주 드물게 생길 뿐이고, 결코 도달할 수 없는 한계를 갖기에 '미친 듯한 사랑'이라는 말도 하는 것이다. 도가 지나친 요구나 '광기'와 항상 연관되어 있고('연애 결혼'이 이혼으로 끝날 확률이 큰 것도 이런 원인에서 오는 것이 아닐까?), 자기 중심적인 계산의 귀결이나 습관에 의한 단순한 결과가 부추기는 위기로 끊임없이 위협을 받기 때문에 본질적으로 연약하다. 그럼에도 불구하고 그것이 야기하는 예외적인 경험과 그 자체를 위하여 계속 추구되어야 할 가치를 가지고 있기에, 규범 또는 이상적 실천으로 규정지어지기 위해 특히 여성에게 순수한 사랑은 충분히 존재한다. 문학 전통에 있어서 순수한 사랑을 에워싸고 있는 신비한 후광은 **인류학적 관점**으로 쉽게 이해될 수 있다. 그 관점은 이기주의와 이

---

3) Cf. P. 부르디외, 〈신체와 성(聖) Le corps et le sacré〉, *Actes de la recherche en science sociales*, 104, septembre 1994, p.2

4) Cf. P. 부르디외, 《예술의 규칙. 창세기와 문학 분야의 구조 *Les Règles de l'art. Genèse et structure du champ littéraire*》, Paris, Éditions du Seuil, 1992.

타주의의 택일, 주체와 객체의 구별짓기를 넘어서서 두 사람이 서로를 잃지 않고 '상대방 안에서 자기 자신을 잃어버릴' 수 있는 신비의 은유 안에서, 융합과 일치의 상태에 이르는 완전무결한 반사 법칙 내에서, 각자가 그 자체로 받아들이는 타인, 그리고 그를 그 자체로 알고 있는 타인 안에서 서로를 받아들이는 상호적인 인식이 고무하는 상징적 권력을 위한 투쟁이 정지된 상태 위에 설정되어 있다. 비록 동등이라는 전제 위에 설정되었다 할지라도, 값을 더 높게 부르려는 지배하는 자의 열광에 항상 노출되어 있는 명예의 변증법이 갖는 특징인 불안정과 불안전에서 자신을 떼어 놓으려 하면서, 사랑에 빠진 주체는 오로지 그 자신처럼 지배하려는 의도를 포기한 다른 주체에 의해서만이 인식을 획득할 수 있다. 사랑에 빠진 주체는 한없이 확언되는('난 너를 사랑해'라는 잉여성 없는 반복을 통하여) 자율적인 자기 상실의 행위 속에서 그와 일치하면서, 자신에게 자유를 주는 주인에게 거리낌 없이 자신의 자유를 되돌려 준다. 그는 자기 자신을, 사랑하는 사람이 자신에게 준 권력(특히 연인들이 서로서로를 부르는 그들만이 아는 유일한 모든 명칭 속에 나타난, 그리고 입단 제식에서처럼 새로운 출생, 절대적인 첫 시작, 존재론적 위상의 변화를 표시하는 모든 명칭에서 드러나는 **명명의 권력**)을 통해 **아무것도 아닌** 사람을 사랑받는 사람으로 만드는 거의 신적인 창조주라고 느낀다. 동시에 자기 중심적이자 지배적인 피그말리온과는 달리 자신의 창조물의 창조물처럼 보이는 창조주이기도 하다.

상호적 인식, 존재한다는 검증의 교환, 존재하는 이유의 교환, **믿음**에 대한 상호적 증거 등, 분할할 수 없으며 강력한 상징적 자립성을 갖춘 사회적 기본 단위인 사랑의 이원법이 자리 잡고 있는 동그라미에다 신의 세속적 대체물인 '사회'의 제도와 제식에 부여된 모든 봉헌들과 승리를 거두며 경쟁하는 권력을 수여하는 완전한 상호성의 수많은 기호들이 존재한다.[5]

---

5) 제도와 그 제식의 온전히 신학-정치학적 기능에 대해서는 P. 부르디외의 《파스칼적 명상》(*op. cit.*, p.279-288)을 볼 것.

결 론

    지배의 형태에 대한 과학적인 분석의 폭로는 상반된 의미를 지닐 수 있는 사회적인 결과를 필연적으로 가져온다. 즉 이 폭로는 확고한 사실들이 지배적 담화를 찾아내거나 검증할 때(부정적인 판결이 흔히 확인하는 순수 기록의 외관을 취하는 지배적 담화) 상징적으로 지배 현상을 강화할 수도 있으며, 또 희생자를 모으는 데에 유리하게 작용하여 국가의 비밀을 누설함으로써 지배 현상을 희석하는 데에 기여할 수도 있다. 그래서 이런 폭로는 먼저 감추는 것보다 쉽게 미루어 짐작하는 온갖 종류의 오해에 노출되어 있다.

    이처럼 어렵게 받아들여야 하는 조건을 앞에 두고, 분석자는 그같이 민감한 자료로도 폭로가 충분치 않다고 여긴다면 자신의 양심에 호소하려 할 것이다. 그것은 여성 조건에 할애된 많은 글에 영감을 불어넣는(그리고 지금까지 무시되고 도외시되었던 대상을 위한 흥미의 원칙인) 전투적인 확신일 뿐이다. 외면적 관찰이 아무리 고상하고 관대할지라도 이런 식의 관찰이 그 대상을 요구토록 하는 모든 과학적 연구 계획은 위험을 안고 있으므로 우리는 그런 식의 관찰을 과대평가할 수 없을 것이다. '훌륭한 원인'이 인식론적 검증을 대신할 수 없으며, '좋은 감정'의 격식이 '훌륭한 전투'가 가져올 이익을 배제하지는 않는다는 사실을 찾아내어야 하는 반성적 분석을 면할 수는 없다. 이는 필자가 말하였듯이 '전투적인 모든 계획은 과학적이 아니다'라는 의미는 결코 아니다. 정치적이고 지적인 동원이 부추기는 개인 또는 집단의 동기 부여를 유토피아적('기권-판단의-가치의') 이름으로 과학에서 제외시킬 수 있다 해도, 전복적 성향을 비평적 영감으로 전환하지 못할 경우 가장 훌륭한 정치 운동은 형편없는 과학, 즉 형편없는 정치를 만들게 된다.

과학적으로 등재하는 겉치레로 실제를 **인정하는** 일을 피하려고, 지배와 착취라는 명백히 부정적인 결과를 말없이 지나칠 수도 있다는 것은 분명 이해될 수 있다. 즉 명예회복을 염려하면서, 정확히 말해 피지배층의 성격 속에 문화적 차이를 각인하는 인종차별주의, 이 문화적 차이를 생산하는 존재 조건을 잠시 제쳐 놓고 '희생자들을 비난하도록' 하는 인종차별주의에 무기를 대주는 것이 아닌지 염려하면서, 사람들은 '대중 문화'

에 관하여 혹은 미국 흑인의 경우 '빈곤의 문화'에 관하여 어느 정도 의식을 갖고 말하고 있다. 또한 오늘날의 몇몇 여성학자들처럼 지배 관계에 여성의 개입을 허용하는 것이 "책임이라는 짐을 남성으로부터 여성에게로 전가하는 것이나 아닐까 염려하여 복종의 분석을 피하는"[1] 편을 선호한다. 실상 전복적 운동이 희생시킨 겉보기에 너그러운 유혹, 학대받고 상처받은 사람들의 이상화된 재현을 호감이나 연대 의식, 또는 도덕적 분노라는 이름으로 다루려는 유혹, 가장 부정적인 지배의 결과를 묵묵히 지나치려는 유혹에 맞서서, 지배가 그렇게 만들어 놓은 피지배층(여성들, 노동자들)이 지배에 기여한 특성들을 세상에 드러내면서 세운 질서를 검증해 내야 한다는 위험을 감수해야 할 것이다.[2] 다시 이를 상기해야 할지 망설여지지만 외양은 항상 외양을 위해 존재하며, 폭로의 시도는 보수주의의 분노로

---

1) J. Benjamin, *The Bonds of Love, Psychoanalysis, Feminism and the Problem of Domination*, New York, Pantheon Books, 1988, p.9.

2) 남성 지배가 남성적 아비투스에 행사하는 결과를 밝히는 것은, 어떤 이들이 믿기 원하는 것처럼 남성들을 변호하려는 것이 아니다. 그것은 지배로부터, 즉 그녀들에게 지배를 강요하는 객관적이고 합체된 구조들로부터 여성들을 해방시키기 위한 노력이 그들이 지배를 강요하는 데 기여하도록 한 바로 그 구조들로부터 남성들을 해방시키기 위한 노력 없이는 진전될 수 없음을 밝히려는 것이다.

가득한 비난과 개혁주의의 위선적 고발을 동시에 부추기게끔 되어 있다. 캐서린 A. 맥키넌은 투시력의 개연적 결과에 대하여 각별한 의식을 가지고 있는데, 그녀가 성의 관계에 대한 진실을 기술할 때에 사람들은 "여성들을 위해 지나치게 관대하다(condescending to women)"고 손가락질한다. 그 경우 그녀는 어떻게 "여성들이 관대함의 대상(women are condescended to)"이 되는지를 설명할 뿐이다.[3] 남성이 문제시되는 경우에는 더욱 그럴싸한 비난이 되는데, 여성들에게 보장된 대상을 독점이라 생각하게끔 강요하는 여성성의 '경험'은 여성들에게 절대 권위를 이루어 놓으며, 이러한 절대적 권위가 허용된 여성들과는 비교할 것이 전혀 없는 남성이기에 그러하다.[4]

　　이러한 사실은 성차에 대하여 남성들이 쓴 글에서 흔히 발

---

3) Cf. C. A. MacKinnon, *Feminism Unmodified, Discourses on Life and Law*, Cambridge(Mass.)/London, Harvard University Press, 1987.

4) 동시에 주체와 대상이 된다는, 더 정확히 말해서 과학적으로 분석해야 할 인간 조건의 독특한 형태를 1인칭으로 체험한 유일한 사실을 보증하는 것으로 여겨지는 인지적 특권을 위하여, 그것이 어떠한 것이건(몇몇 페미니스트의 글에서 유통되는 '우리'라는 단순한 사용이 그러한데) 한 대상의 독점을 주장한다는 것은, **선험적으로** 의혹을 허락하는 개별주의의 정치적 옹호를 과학 분야로 도입하는 것이며, 특히 모든 이가 모든 대상으로 접근할 수 있는 권리를 통해서 과학 공화국의 토대 중의 하나가 되는 범세계주의를 문제삼는 것이다.

견될 수 있는 선입견적 의혹이 저변에 깔려 있음을 의미한다. 분석자가 이해하고 있다고 믿고 제대로 깨닫지 못한 채 정당화시키려 함으로써, 행동자들이 새로운 내용을 드러내 보이기 위해 스스로 택한 전제 조건을 제공할 수 있다는 이유 때문만은 아니다. 수천 년 전 이래로 사회 구조의 객관성과 인지 구조의 주관성 안에 새겨진 제도에 관련되어, 남성적인 것과 여성적인 것의 대립을 구조화된 정신으로만 생각함으로써 분석가는 지식의 대상으로 다루어야 할 지각과 사고의 표상을 지식의 도구로 잘못 사용할 우려가 있기 때문이다. 그리고 노련한 분석가(칸트나 사르트르, 프로이트나 라캉 같은 유형의 인물)는, 그가 무의식을 연구하기 위해 사용한 사고의 도구를 생각지 못한 무의식 속에서 알지도 못하고 끌어낼 우려가 있다.

그래서 필자가 오랫동안 주저한 끝에 오늘날 여성들에게 대부분 점유당한 몹시 난해한 영역에 대하여 커다란 우려감을 안고 도전했는데, 그것은 필자가 처한 우호적인 입장에서 외향적 관계가 여성 운동에 의해 고무된 작업의 결과를 근거로 하여, 또 상징적 지배의 사회적인 원인과 결과에 관한 필자의 연구 결과를 근거로 하여 필자로 하여금 여성 조건, 좀더 상관적인 방식으로 젠더간의 연관성, 이 연관성을 변형시킬 행위에 관하여 다른 방향으로 모색할 수 있는 분석과 연구를 창출하도록 허용하였기 때문이다. 가정이야말로 남성 지배가 여지없이 가장 가시적으로(물리적 폭력을 동원할 뿐만 아니라) 표출되는 장소라 해도, 거기에서 행사되는 질료적이고 상징적인 힘의 연관성에 대한 존속의 법칙은 근본적으로 가정 단위의 외부에 있으며, 교회·학교·국가와 같은 제도 안에 그리고 그것이 선언되든 감추어져 있든, 공식적이든 비공식적이든 순수하게 정치적인 그들의 행동 안에 자리잡고 있다. (그것을 납득하기 위해서라면 최근에 벌어지고 있는 사회적 연합의 계약에 대한 반응과 저항을 관찰해 보는 것으로 충분할 것이다.)

개인적인 것의 질서에 속하기 때문에 정치적 전통이 무시했거나 제쳐 놓았던 대상과 관심사들이 페미니스트 운동에 의해 정치적으로 논의되거나 이의를 제기할 수 있는 영역에서 다루어지게 됨으로써 페미니스트 운동이 정치계나 정치적 이슈를 다루는 영역에 커다란 영향을 주었다 해도, 소송에 관한 투쟁은 그들의 부정적인 행동에 의해 그리고 눈에 띄지 않는 상당 부분 때문에——이 투쟁은 남성적이고 여성적인 무의식의 구조에 일치하기 때문에——지배라는 성별간의 사회적 연관성을 존속시키는 데에 기여한 셈이 되었지만, 가장 전통적인 정치 논리에 속한다는 이유로 소송에 관한 투쟁을 배제하는 일은 없어야 할 것이다. 그러나 페미니스트 운동이 정치적 소송에서 남성과 여성 간의 평등을 위한 요구와 같은 페미니스트라는 특허를 가진 정치 투쟁의 형태 안에 갇혀 있는 것은 아무런 이득이 없다. 즉 그런 정치 투쟁의 형태들은 헌법이 표방하는 원칙인 보편 합의론이 겉으로 그럴듯해 보이지만 결코 보편적이 아니라는 것——사회적 신분을 갖지 못하고 있거나, 신분이 모호한 개인들만을 파악한다는 사실로——을 상기해 볼 가치가 있다 해도, 이런 정치 투쟁들은 남성이 현재 지배적 위치를 차지하고 있는 사회적 공간 안에 등장한 여성들에게 우선적으로 우대하는 지위를 부여함으로써 허구의 보편 합의론이라는 또 다른 형태의 결과를 가져올 큰 위험을 안고 있다.

합체된 구조들(남성에서처럼 여성에서도)과 남성적 질서뿐 아니라 모든 사회적 질서(남성적인 '우파'와 여성적인 '좌파'의 대립을 중심으로 구성된 국가와, 모든 기본적인 관점과 구분 원칙의 효율적인 재생산에 대한 책임을 지고 있으며 역시 동질의 대립을 중심으로 조직된 교육 기관에서 시작되는)를 수행하고 재생산하는 거대한 제도의 구조들간의 객관적인 공범성을 통해 실행되는 지배 현상의 결과를 실제로 파악하는 정치적 행동만이, 여러 메커니즘 또는 관련 제도에 내재되어 있는 모순을 활용하여 장기적으로 남성 지배의 점진적인 쇠퇴에 기여할 수 있는 길이 될 것이다.

게이와 레즈비언의 운동에 관한 몇 가지 질문

게이와 레즈비언의 운동은 그 상징적인 존재와 활동에 의해 묵시적으로, 동시에 그것이 생산하고 관여하는 담론과 이론에 의해 명시적으로 사회과학의 가장 중요한 질문들, 아주 새로운 많은 질문들을 제기한다. [1] 상징적 폭력의 특수한 형태에 대항하는 이 저항 운동은, 새로운 분석 대상을 존재하게 한다는 것 이외에도 상징적 질서에 대해 심오하게 문제를 제기하며, 상징적 질서를 전복하기 위해 성공적으로 동원된 운동의 조건과 질

---

1) 게이와 레즈비언에 관한 연구를 위한 한 모임에서 필자가 그 첫번째 윤곽을 제시했던 이 글에서, 필자는 그것을 고무시키는 집단적인 다른 그룹과 단체가 그(들) 자체로 상당히 정의하기 어려운(성적 실제 활동과——하지만 공표된 것 혹은 숨겨진 것, 실제적인 것 혹은 잠재적인 것이 있다——특정한 장소의 출입, 특정한 생활 양식을 기준으로 삼아야 하는가?) 게이 또는 레즈비언의 '집단(들)' 혹은 '유형(들)'——오히려 '공동 단체(들)'——과 함께 유지하는 아주 복잡한 관계에 대해서는 언급하지 않고 단지 '운동'에 대해서만 말할 것이다.

서의 근거에 관하여 근원적인 질문을 제기한다.

피부색이나 여성성과는 다르게 감추어질 수(또는 과시될 수도) 있는 오명으로 낙인찍힌 동성애자들이 그 희생양이 되는 상징적 지배의 이 특수한 형태는 부정적으로 표시되어 의미심장한 차이를 생성하는, 또 그렇게 함으로써 낙인찍힌 사회 범주나 집단을 생성하는 범주화의 집단적 행위를 통해서 일반적으로 통용된다. 몇몇 종류의 민족주의처럼 이 상징적 지배의 특수한 형태는, 공공연하게 가시적인 존재를 거부하는 형태를 취한다. '눈에 보이지 않게 하기'와 같은 억제는 합법적이고 공공연하게 다시 말해 법에 의해, 그리고 운동이 가시성을 주장할 때에만 분명하게 드러나는 오명에 의해 알려지고 이해되는 존재를 거부함으로써 설명된다. 그래서 우리는 보통 강제로 요구된 '신중함'이나 '은폐'에서 그것을 명시적으로 상기한다.

지배 또는 상징적 폭력에 관하여 말한다는 것은 지각과 평가의 범주를 뒤엎는 전복적 반기를 제외하고, 피지배층으로 하여금 지배하는 관점을 스스로에 대해 취하게 한다는 것을 의미한다. 즉 낙인찍힌 범주, 특히 실제든 잠재적이든 모욕이 만들어 내는 **운명의 결과**를 통하여 피지배층은 **올바른**(지중해식 관점에서처럼 **뒤틀림**에 대립하는) 지각 범주를 억제하든 강요되든 간에 수락하고 적용되도록 이끌어질 수 있다. 또한 눈에 띄고 신분이 드러날까 봐 두려워하는 마음과 다른 동성애자들에 의해 이해되기를 바라는 욕구 사이에서 흔들리면서, 지배층 범주의 관점에서 그를 정의하는 수치감 속에서 성적 경험을 갖도록 이끌릴 수 있다.

상징적 지배의 관계가 갖는 특수성은, 그것이 가시적인 성적 기호뿐만 아니라 성의 실천에도 연결되어 있다는 점이다. 여성 원칙(수동적이며 삽입당하는)에 대한 남성 원칙(능동적이며 삽입하는)의 지배 현상의 관계와 같은 이러한 실천의 합법적 형태가 지니는 지배의 정의는 남성적인 것 즉 동성애 관계에 각인된, 지배 원칙을 모독하는 여성화의 금기를 내포하고 있다. 남성 중심적 신화에 따르는 인식의 보편성을 인정하는 것으로, 동성애자들도 역시 첫번째 희생자인 여성들과 마찬가지로 희생자라 할지라도 그들 스스로에게 지배 원칙을 적용하고 있다. 즉 레즈비언들처럼 그들은 그들이 형성한 부부 사이에서 페미니스트들(남성 젠더가 그들을 억압할지라도 그들이 속한 남성 젠더와 결탁한다고 항상 의심을 받을 여지가 있는)의 방식과는 다르게 남성의 역할과 여성의 역할을 구분한다. 그리고 그들은 분명히 예전에 지배적이었던 '여성화된' 모양새에 반대하는 반응을 보이며, 가장 공통적인 형태에서 남성성을 극단적으로 지지한다.

제도화된 구분의 형태로 객관성 안에, 동시에 신체적 질환처럼 되어 버린 지배 관계(수치심 안에서 스스로를 배신하는)의 형태로 신체 안에 새겨져 있음으로써, 이러한 신화로 구성되어 있는 병립적 대립들은 신체 자체와 성적 용도의 지각, 다시 말해 노동의 성 구분과 동시에 성적 노동의 구분을 구성한다. 그리고 이러한 것은 아마도 지각이란 것이 각별히 예민하게 섹슈얼리티를 권력과 정치에 관련시키기 때문일 것이며(예를 들어 '자연적인 것'에 이중으로 상반되기 때문이라는 엄청난 특성에 의해 많은 사회에서 수동적 동성애를 피지배자로 간주하는 것을 상기시키면서), 동성애의 분석이 성의 연관성을 권력의 연관성으로부터 근본적으로 차별하는 것을 목표로 하는 **섹슈얼리티의 정치**(또는 **유토피아**)로 이끌릴 수 있기 때문일 것이다.

성적 기반에 있어서의 차별에 의한 모든 희생자(일반적으로 오명을 지닌 모든 사람)를 동원해야 할지도 모를 사회 구조와 인지 구조의 근본적 전복을 목표로 삼을 수도 없고 그렇게 하기를 원치도 않기 때문에, 우리는 상징적 지배의 가장 비극적인 이율배반 안에 갇히고 만다. 즉 이런 범주화에 의해 구성된 한 범주로 조직을 이룬다거나, 그 상징적 지배가 저항하고자 하는 분류화와 억제 요소들을 존재하도록 하는(서로 다른 성적 위상 간의 구별이 없는 새로운 성의 질서를 위해 투쟁하기보다는) 것 이외에 어떤 방식으로 사회적으로 강요된 범주화에 저항할 것인가? 가정·지역·나라 혹은 또 다른 집단처럼 게이 또는 레즈비언의 위상이 단지 믿음을 기반으로 세워진 사회적인 구축물일 뿐임을 상기시키는 데 기여한 운동은 그 구축물을 가시화하고 알리며 이해시킬 수 있는, 그리고 오명의 기호를 상징의 표상——불가시적 단체의 집합적 존재가 갖는 공공연하고 정확하며 비범한 과시처럼 **게이의 자긍심** 같은 식으로——으로 만들기 위해 전환시킴으로써 **실현된 범주**라는 충만하고 온전한 존재를 그 구축물에 부여할 수 있는 상징적 혁명으로 만족할 수 있을까? '게이' 또는 '레즈비언'의 위상을 사회적 구축물, 즉 **동성애자를 반대하여 부분적으로 구성된** '이질 규범적' 질서의 집단적인 허구처럼 드러나게 하면서, 구축된 범주의 구성원들이 보이는 다양성을 상기시킴으로써 그런 운동은 그 자체의 사회적 기반, 지배하는 상징적 질서를 전복할 수 있는 사회적 힘으로 존재하기 위하여, 그리고 그런 운동이 지닌 요구의 힘을 실어 주기 위하여 운동이 구축해야 하는 사회적 기반을 해체하려는 경향을 보인다. (이것 또한 하나의 모순이다.)

호적(戶籍)이라는 장엄한 법적 행위를 통하여, 공적으로 발표된 위상의 지속적이고 일상적인 인식을 낙인찍힌 집단에게 부여하도록 국가에 요구함으로써 권리를 주장하는 행동(그리

고 그 모순)에까지 가야만 하는가? 실제로 상징적 전복 행동이
란, 그것이 현실적이기를 원한다면 상징적 단절에 연연할 수 없
다는 것은 사실이다——몇몇 탐미주의적 도발처럼 상징적 단
절이 당위성을 정지시키는 데에 효과적이라고 해도 말이다. 재
현들을 지속적으로 변화시키기 위해 상징적 전복 행동은 타당
한 가치의 범위 내에서 분명하고 필수적이고 논의할 여지가 없
이 당연한 명백한 현실의 위상을 재현들이 생산하는 사회적 범
주에다, 교육을 통해 부여하는 합체된 범주들(사고의 표상)의 지
속적 변형을 운용하고 강요해야 한다. 상징적 전복의 행동은 무
효화를 내포하고 있는 특수성의 인식을 법(droit; 곧음(droit)과 관
련된 이 단어가 말해 주듯이)에 호소해야 한다. 즉 불가시성에서
가시성으로 넘어가기 위해, 배제되거나 보여지지 않는 상황을
끝내기 위해 투쟁하여야 했던 동성애자들이 다시금 보여지지
않기를 원하고, 지배 규범에 순종함으로써 중립적이고 중립화
하기를 원하는 것처럼 실제로 모든 일이 벌어지고 있다.[2] '질서

---

2) 그들의 원칙에 속해 있는 구조적 모순은 지배당하고 오점을 지닌 그룹
들의 운동들을 불가시성과 공개 사이나, 차이의 무효화와 집행 사이에서 흔
들리게 하며, 시민권 운동과 페미니스트 운동에서처럼 그들은 상황에 따라
조직의 구조와 정치 참여, 그리고 당면한 대립 형태에 따라서 한두 개의 전략
을 채택한다. (M. Bernstein, 〈Celebration and Suppression: The Strategic Uses of Iden-

로의 귀속'을 위해 치러야 할, 그리고 훌륭한 군인·시민·반려자가 지닌 **보이지 않는 가시성**과 동시에 공동체의 전 구성원에게 정상적으로 부여된 최소한의 권리(유산 상속법 같은)를 얻기 위해 지불해야 할 대가를 민법상의 결합이라는 약조에서 찾으려는 현실론이 부부 중 한 사람에게 의존하는 위상의 전제처럼 어떤 조약이 내포하고 있는 상징적 질서로의 양도를 동성애자들을 위하여 철저히 검증하는 데에 어려움이 있다는 것을 이해하려면, '가족의 지지'라는 개념을 동성애 부부 중 한 사람에게 적용할 때 그 개념이 내포하고 있는 모순점을 생각해 보는 것으로 충분할 것이다. (남성적인 것과 여성적인 것 간의 신성한 경계를 넘나듦으로써 물의를 빚는 부부들 내부에서 차별이나 위계의 유지가 가져오는 자가당착을 최소화하기 위해서처럼, 동성애자들의 민법상 결합의 인정을 획득해 낸 북구 국가의 동성애자 연합회들이 아닌 프리외르[3]가 주목하듯이 어떤 구분이나 이것을 내재하고 있는 능동/수동의 대립을 상기시키는 어떤 표적도 제시하지 않으면서, 쌍둥이

tity by the Lesbian and Gay Movement〉, *American Journal of Sociology*, 103, November 1997, p.531-565.)

3) A. Prieur, R. S. Halvorsen, 〈무차별 권리: 동성애 결혼 Le droit à l'indifférence: le mariage homosexuel〉, *Actes de la recherche en sciences sociales*, 113, 1996, p.6-15.

식의 부부를 내세우기를 택했다는 것은 주목할 만한 일이다.)

　　그러한 이율배반을 합리적인 선택에 의해 제어될 수 있는 택일로 전환할 수 있을까? 정통성의 힘, 즉 모든 종류의 상징적 (백인의, 남성의, 부르주아의) 지배가 요구하는 곧은 **공론**과 우파의 힘은, 그것이 역사적 판별력에서 유래한 특수성을 자연적인 표적들을 싸고 있는 합치된 성향으로 구성한다는 데 있다. 이런 성향들은 흔히 이를 생산하는 객관적 제약에 의해 이를 묵묵히 수용할 만큼('게토의 사랑'처럼 게토화와 함께) 깊이 조정되어 있어서, 이 성향들이 지배층에 결속될 때는 표나지 않게 중립적이고 보편적인 속성처럼, 다시 말해 가시적이고 변별적이면서도 동시에 불가시적이고 표나지 않는 '자연적인'(자연적 구별짓기) 속성인 것처럼 보이게 되어 있다. 반면에 이 성향들이 피지배층에 결속되었을 때는 마치 '차이'인 것처럼, 다시 말해 정당화를 요구하는 부정적 표적·결핍·오명처럼 보이게 되어 있다. 그리하여 그 정통성의 힘은 책임을 뒤엎으면서 법과 공동 운명에 피지배층이 접근하도록 요구하는 것이 보편론적 조약의 특수론자, 또는 '공동체론자'의 단절이라고 고발하는 보편주의의 위선이 지닌 전략에 객관적인 기반과 미심쩍은 효율성을 부여한다. 실제로 보편적인 것의 질서에 있어서 상징적인 소수 구성원이 상기되는 상황은, 역설적으로 그들에게 실상 거부되었던 보편적 권한을 요구하기 위해 피지배층이 동원될 때이다. 사회적 결합의 조약과 공동의 법규가 게이와 레즈비언(90퍼센트의 게이와 10퍼센트의 레즈비언으로 구성되고, 남성주의의 강한 전통으로 표시된 움직임 내부에서조차 이중으로 지배당하는)에게 적용되기를 요구하는 순간만큼이나, 게이나 레즈비언의 움직임에 대한 개별론과 '공동체론'이 강하게 단죄받은 적은 없을 것이다.

그러면 어떻게 개별주의를 보편화하지 않고 위선적인 보편주의를 거부할 것인가? 좀더 현실주의적인 논리로, 즉 좀더 직접적인 정치 논리로 말해서 어떻게 운동의 장악이 게토화의 형태에 도달하는 것을 막을 것인가? 경제적이고 사회적인 약점을 내포하지 않고도, 그리고 유도할 필요도 없는 행동의 특수성이라는 기반 위에 세워졌다는 사실로 인하여, 게이와 레즈비언의 운동은 오명을 덮어쓰게 되었다 해도 상징적 투쟁에 현저한 영향을 주는 문화적 자산의 관점에서 상대적으로 특권을 지닌 개개인들을 모으고 있다. 따라서 상징적 전복의 모든 운동이 갖는 목표는 한 집단을 구축하든지 아니면 좀더 근본적으로, 그것에 의해 오명을 쓴 집단과 오명을 씌우는 집단이 만들어지는 구분 원칙을 파괴하는 식으로 지각과 평가의 새로운 범주를 강요하는 상징적 구축과 파괴의 작업을 행하는 것이다. 동성애자들은 이 작업을 실현하기 위하여 각별히 무장하고 있으며, 그들은 보편론을 위해 전복적 투쟁 안에서 개별론과 연결된 이점을 취할 수 있다.

이런 사실은 페미니스트 운동과 마찬가지로, 강한 문화적 자산을 지닌 행동자를 모으는 특수성을 지닌 이 운동이 각별히 예리한 형태로 이를 구현하고 표현하면서 집단을 형성할 수 있는 대변인에게 양도해 버리는 문제점을 만나게 되며, 극좌파의 운동들처럼 집단이 공적 표명을 독점하기 위해 투쟁 안에 흩어져 파벌을 형성하는 경향이 있다는 것을 의미한다. 이런 운동에 있어서 서로를 강화시키는 게토화와 파벌주의에서 벗어나는 유일한 방식은, 오명을 지닌 위상에 연결된 전복적인 강력한 성향과, 그 총체 속에서 사회적 운동을 위한 강력한 문화 자산에 대하여 상대적으로 가능성이 없는 결합에 필요한 특이한 능력을 포섭하는 것이 아닌지 자문해 볼 필요가 있다. 그리고 한순간 유토피아론을 위해 적어도 이론적인 노동과 상징적인 행위(몇몇 동성애 집단은 그 주인이 되었다)의 선상에, 동성애자들과 오명을 쓴 다른 집단을 구별하는 특수한 이점을 보편적인 것으로 돌리면서 전복적인 정치 운동과 과학적 운동들을 선두에 위치시키는 것이 유리한 것은 아닌지도 자문해 볼 필요가 있다.

찾아보기

저자 약력 및 저작

1930년 8월 1일 오트피레네 지방의 당갱에서 태어남. 그의 부
    친은 우체국의 하급 공무원이었음. (작은 지방 출신이며, 별
    로 높지 않은 신분은 부르디외 자신에 의해 자주 언급됨.) 포
    고등학교에서 공부한 다음에 파리의 루이르그랑고등학
    교, 이어서 파리고등사범학교에 들어감.

1955년 25세에 철학교수자격시험에 합격, 물랭고등학교에서
    철학교사, 이어 알제리대학 문학부에서 조교(1958-1960).

1961년 릴대학 문학부의 전임강사로 임명됨. 1964년에 사회
    과학고등연구원 연구주임. 34세에 그는 그의 세대 중에
    서 가장 탁월한 교수가 되었고, 사회과학고등연구원에서
    가르치는 가장 젊은 교수가 됨.

1962년 11월 2일 마리 클레르 브리자르와 결혼. 세 명의 자녀
    를 둠.

1975년 《사회과학연구》지 창간.

1980년 12월 1981년 5월의 대통령 선거에서 콜뤼슈 지지를
    공식적으로 선언.

1981년 콜레주드프랑스 교수에 임명됨.

1981년 12월 13일 폴란드의 전쟁 상태 돌입과 함께 피에르 부
    르디외와 미셸 푸코는 '솔리다르노스크'에 대한 지원 운
    동을 펼침. 이 호소문은 유명한 지식인들과, 당시 그와 푸
    코가 가까웠던 노동조합 CFDT의 지지를 받음.

1984년 6월 에이즈로 사망한 미셸 푸코에게 바치는 글을 《르
    몽드》에 기고.

1988년 9월 16일 《르 몽드》지에 실린 〈시민의 덕〉이라는 기사
    에서, 새 총리인 미셸 로카르의 누벨칼레도니에 대한 '모
    범적인' 방식에 대해 방어를 함.

1989–1990년 그는 총리인 미셸 로카르와 교육부 장관 리오
    넬 조스팽의 교육개혁정책을 지지하고, 교육내용심의위
    원회를 주재하는 것을 수락함.

1995년 2월 피에르 부르디외의 지원을 받아 필리프 코르퀴프
    에 의해 반자유주의적이고 '유일한 사유'에 반대하는 메
    를로퐁티클럽 창설.

1995년 12월 4일 '쥐페 플랜'에 반대하는 데모중에, 그리고 잡

지 《에스프리》에 의해 주도된 탄원에 대한 반동으로 부르디외는 수많은 극좌파 운동원들과 함께 '파업 노동 자들 지지를 위한 지식인들의 궐기' 운동을 시작하기를 수락함.

1995년 12월 12일 중요한 데모중에 부르디외는 리옹역 철도 노동자들 앞에서 연설을 함. "나는 3주 전부터 어떤 문명 의 파괴에 저항하여 투쟁하는 모든 사람들에 대한 우리 의 지지를 말하기 위해 여기에 있습니다."

1996년 《텔레비전에 대하여》를 발간하면서, 그는 새로운 출판 사 자유-행동하는 이성을 시작함. 이 출판사의 소책자들 은 30프랑의 저가에 판매됨. (지금까지 5권이 출판되었는데, 그 중 1997년에 발간된 《새로운 파수꾼들》은 이 출판사의 성 공작이다.)

1996년 10월 25일 《리베라시옹》지에 〈티에트메이예 생각에 반대하여, 유럽의 복지국가〉를 발표함. 분데스방크의 장 (長)이 그에게 "세상은 사람들이 그렇게 생각하는 것처럼 간단하지가 않다"라고 대답할 것이다. (1998년 5월 9일, 《르 몽드》)

1996-1997년 이란의 시아파교도들에 의해 사형 선고를 받은 작가 살만 루시디에 대한 방어와 평행하게, 그는 수많은

논문들과 탄원을 통해서 알제리의 지식인들을 지지함.

1997년 11월 몇 년 전부터 고등교육과 연구에 대한 심의회(A-
RESER)를 창설하였기 때문에 그는 수없이 자기의 입장
을 발표하고(예컨대 1996년 7월 18일의《르 몽드》지), 1997
년 리베르 출판사에서《위기의 대학을 위한 몇몇의 진단
과 치료》를 펴냄.

1998년 1월 부르디외는 실업자들의 '운동'에 지지를 표함. 그
는 실업자들에 의해 점유된 고등사범학교로 가서 의견을
말함. "실업자들의 운동, 사회적인 기적."

1998년 4월 8일 〈좌익적인 좌익을 위하여〉라는 논문에서, 그
는 〈블레어−조스팽−슈뢰더의 신자유주의적 트로이카〉
를 비난함.

1998년 9월 《남성 지배》를 펴냄(쇠이유 출판사).

《상속자들. 학생들과 문화》, 1964년, 장 클로드 파스롱 공저
저자들은 합법화의 기능 속에서, 따라서 기회들의 불평
등 영속화 기능 속에서 경제적 불평등의 영향을 넘어 지
식들·행동 양식, 그리고 말하는 기술로 이루어진 '자산'
인 학교에서의 문화적 상속의 역할을 밝힌다.

《대중 예술. 사진의 사회학적 사용에 대한 소고》, 1965년, 뤽 볼탄스키·로베르 카스텔·장 클로드 샹보르동 공저

　　1961년에서 1964년까지 실시된 앙케트로부터 네 명의 연구자들은 '대중문화'가 사회의 모든 행위자들로 하여금 문화적 실천들을 이용하도록 해준다는 고정관념과는 반대로, 사진적인 실천은 계급적인 소속으로 특징지어져 있음을 밝힌다.

《예술의 사랑. 유럽의 미술관과 대중》, 1966년, 알렝 다르벨·도미니크 슈나페르 공저, 1969년 재판

　　'문화적 확산 법칙들'에 대한 이 작품의 결론은 《상속자들》《대중예술》과 같은 선상에서 문화 '민주화'의 유토피아, 다시 말해 문화의 최대다수에 대한 접근의 유토피아에 대해 문제제기를 한다.

《사회학자의 직업. 인식론적인 전제 조건들》, 1968년, 장 클로드 샹보르동·장 클로드 파스롱 공저, 1973년부터 수정판 재판

　　이론적인 이 책은 '인식론과 방법론'에 대한 서문 이후에 사회학적인 대상의 형성을 연구한다. 그리고 '사회학에 있어서 실증주의적 유혹의 사회학적인 스케치'로 끝마친다.

《재생산. 교육 시스템의 이론을 위한 요소들》, 1970년, 장 클로드 파스롱 공저

《상속자들》과 함께 시작된 첫번째 연구 단계 이후에, 저자들은 '상징적 폭력' 행위들에 대한 일반 이론을 구성한다. 그러면서 1968년 5월 이후에, 학교에서 상징적 강제 관계의 사회학적인 조건들을 연구한다.

《구별짓기. 판단의 사회학적 비평》, 1979년

사회적 주체들은 그들이 행하는 구분들에 의해, 그리고 그 속에서 그들을 객관적으로 구별하는 집단들의 위치가 표현되는, 또는 노출되는 구분들에 의해 서로 구분된다. 취향들, 그리고 사회적 계급들 사이의 관계들을 분석하면서 피에르 부르디외는 판단의 사회학적 비평을 실현하고, 사회적 계급들에 따른 생활 스타일들의 그림을 그린다. 그는 "예술은 사회적 세계를 거짓 부정하는 훌륭한 자리들 중의 하나이다"라고 주장한다.

《실천 감각》, 1980년

인류학은 과학적 실천 행위들과 도구들을 대상으로 취해야만, 더 정확하게는 연구자가 자신의 대상과 유지하는 바로 그 관계를 대상으로 취한다는 조건에서만 과학으로 완수될 수 있다.

《사회학의 질문들》, 1980년

이 책은 사회학이 제기하는 주요한 질문들, 자신의 방법

들, 자신의 기본적인 개념들에 대해 부르디외가 한 인터
뷰·발표, 그리고 연설을 모은 것이다.

《말하기의 의미. 언어학적 교환들의 경제》, 1982년

의사소통의 도구인 언어는 마찬가지로 부의 외적인 신
호이고, 권력의 도구이다. 그렇기 때문에 사회학자는 사
람이 단어들을 가지고 어떻게 행동하는가, 그리고 그것
이 의미하는 것이 무엇인가를 분석할 의무가 있다.

《호모 아카데미쿠스》, 1984년

사회학자는 자기 자신의 세계, 그 속에 자기 자신이 잡혀
있는 세계를 이해할 수 있을까? 학교 또는 문화 이후에
부르디외는 프랑스의 대학에 시선을 던진다. 그리고 거
기에서도 권력들의 분할이 정치적이고 지적인 위치 취하
기들로 이끌고 있음을 확인한다.

《말해진 것들》, 1987년

저자는 이 책 속에서 자신의 철학적 전제 조건들과 자
신의 연구들에 대해서 밝힌다. 그는 자기의 작업에 대해
잘못 이해된 면들에 대해서도 말한다.

《마르틴 하이데거의 정치적 존재론》, 1988년

텍스트와 콘텍스트 사이의, 또는 나치 총장과 '존재의 목
동' 사이의, 하이데거에 대한 너무 간편한 도식들을 피하

고자 하는 한 사유의 철학적 분석.

《국가 귀족. 거대 유파들과 단체 정신》, 1989년

오늘의 사회를 지배하는 지적인, 정치적인, 관료적인 권력들의 특이한 형상이 어떻게 형성되었는가? 기술 관료들이 자기들의 것이라고 주장하는 역량이란 무엇인가?

피에르 부르디외는 그의 분석을 거대한 유파들과 거대한 단체들에 집중하면서 이러한 질문들에 대답하려고 한다.

《대답들. 성찰적 인류학을 위하여》, 1992년, 로이크 J. D. 바캉 공저

대담으로서, 방법론적인 질문을 받은 부르디외가 자신에게 가해진 반박들에 대답하고, 그가 조금씩 조금씩 건립한 일반적인 인류학의 철학적이고 인류학적인 기초들을 설명한다. (1987년 시카고대학에서 있었던 세미나와 그후에 있었던 대담들로 만들어진 책.)

《세계의 비참》, 1993년, 1998년

3년 동안, 피에르 부르디외의 지휘를 받은 팀이 '프랑스에서 사회적 불행의 오늘날 형태들의 출현 조건들을 이해하기 위해' 50여 개 인터뷰를 실시했다. '조건'의 불행들뿐만 아니라 '위치'의 불행들, '사회적' 고통들뿐만 아니라 개인적 고통들도 포함한다. 이러한 '성찰적' 지식을

공개함으로써 이 사회학자는 사회로 하여금 자기 자신에 대해 개입할 수 있기를 원했으며, '정치를 하는 다른 방법'을 제안했다.

《자유로운 교환》, 1994년, 한스 한케 공저

사회학자와 예술가가 토론을 벌이고, 특히 지식인과 예술가의 독립을 환기한다.

《실천적 이성들. 행위의 이론에 대해》, 1994년

프랑스와 외국에서의 강연들을 모은 책으로, 부르디외는 자신의 과학적 연구를 기초하기 위해 그가 건립하여야 했던 인류학적 이론을 제시한다.

《텔레비전에 대하여. 저널리즘의 영향력》, 1996년

1996년 5월에 파리 프리미에르에서 방영된 콜레주드프랑스의 두 강의. 피에르 부르디외는 스크린 위에서 행사되는 보이지 않는 검열의 메커니즘을 해부하고, 텔레비전에서 이미지들과 담론들의 제조 방식을 분석한다. 또한 저자는 방송의 논리가 문화 생산의 여러 영역들을 어떻게 변화시켰는가를 설명한다.

《파스칼적 명상. 부정적 철학을 위한 요소들》, 1997년

《데카르트적인 명상들》 속에서의 후설식으로, 부르디외는 자기 자신의 생각을 개진하기 위해 파스칼에 기댄다.

그는 자기 이론의 체계화를 위한 시도 속에서, 자신의 모든 작품에 대한 철학적 고찰과도 같은 책을 제시한다.

《맞불. 신자유주의적 침략을 물리치기 위한 말》, 1998년

'신자유주의의 재앙에 저항하기 위해 노력하는 모든 사람들에게 유용한 무기를 제공할 수 있는' 최근의 인터뷰·기사·연설들을 모은 책. (세계화에 대해, 실업자 운동에 대해, 필리프 솔레르스와 H. 티에트메이예에 대해, 텔레비전과 정치 사이의 관계에 대해…….)

《남성 지배》, 1998년

카빌 사회의 인종학적인 묘사와 버지니아 울프의 단편 묘사로부터 시작하여, 남녀 사이의 관계를 분석한다. 그는 '오늘날의 남성들과 여성들 속에 남아 있는 남성 중심적 상징 구조들'을 탐사하려고 한다.

《알제리 사회학》, 1958년

《실향, 알제리의 전통적 농업의 위기》, 1964년, 1977년

《학생들과 그들의 연구》, 1964년

《교육학적 보고와 커뮤니케이션》, 1965년

《실천 이론 개요. 카빌족에 대한 인종학적 세 연구》, 1972년

《알제리 60. 경제적 구조와 시간적 구조》, 1973년

《강의에 대한 강의》, 1982년

《언어와 상징적 힘》, 1991년
《과학의 사회적 사용법: 과학 장의 임상학적 사회학을 위하여》, 1997년
《이의제기의 전망들》, 1998년

(저자 약력 및 저작은《마가진 리테레르》1998년 10월호의 피에르 부르디외 특집에서 옮긴 것이다.)

김용숙
이화여자대학교 불어불문학과 졸업
프랑스 Paris 3 대학 언어학 박사
이화여자대학교 불어불문학과 교수 역임

東文選 文藝新書 405
남성 지배

초판 발행	2000년 9월 20일
재판 양장	2024년 11월 25일

지 은 이	피에르 부르디외
옮 긴 이	김용숙
펴 낸 곳	**東文選**

제10-64호, 1978년 12월 16일 등록
서울 종로구 인사동길 40
전화 02-737-2795
팩스 02-733-4901
이메일 dmspub@hanmail.net

ISBN 978-89-8038-954-4 94000
ISBN 978-89-8038-000-8 (세트)

정가 19,000원

【東文選 現代新書】

306 아이들에게 들려주는 철학 이야기　　R. –P. 드루아 / 이창실　　　　8,000원

【기 타】

☑ 모드의 체계	R. 바르트 / 이화여대기호학연구소	18,000원
☑ 라신에 관하여	R. 바르트 / 남수인	10,000원
☑ 說 苑(上·下)	林東錫 譯註	각권 30,000원
☑ 晏子春秋	林東錫 譯註	30,000원
☑ 西京雜記	林東錫 譯註	20,000원
☑ 搜神記(上·下)	林東錫 譯註	각권 30,000원
☑ 경제적 공포〔메디치상 수상작〕	V. 포레스테 / 김주경	7,000원
☑ 古陶文字徵	高 明·葛英會	20,000원
☑ 그리하여 어느날 사랑이여	이외수 편	4,000원
☑ 錦城世稿	丁範鎭 謹譯	50,000원
☑ 너무한 당신, 노무현	현택수 칼럼집	9,000원
☑ 노블레스 오블리주	현택수 사회비평집	7,500원
☑ 딸에게 들려 주는 작은 지혜	N. 레흐레이트너 / 양영란	절판
☑ 떠나고 싶은 나라―사회문화비평집	현택수	9,000원
☑ 무학 제1집	전통무예십팔기보존회 편	20,000원
☑ 뮤지엄을 만드는 사람들	최병식	20,000원
☑ 미래를 원한다	J. D. 로스네 / 문 선·김덕희	8,500원
☑ 바람의 자식들―정치시사칼럼집	현택수	8,000원
☑ 사랑에 대한 개인적인 의견	P. 쌍소[외] / 한나 엮음	13,000원
☑ 산이 높으면 마땅히 우러러볼 일이다	유 향 / 임동석	5,000원
☑ 살아 있는 것이 행복이다	J. 도르메송 / 김은경	12,000원
☑ 서기 1000년과 서기 2000년 그 두려움의 흔적들		
	J. 뒤비 / 양영란	8,000원
☑ 선종이야기	홍 희 편저	8,000원
☑ 섬으로 흐르는 역사	김영회	10,000원
☑ 세계사상	창간호~3호	각권 10,000원
☑ 나는 대한민국이 아프다	신성대	18,000원
☑ 품격경영(상)	신성대	26,000원
☑ 품격경영(하)	신성대	26,000원

【대한민국역사와미래총서】